문학과지성 시인선 400

내 생의 중력

홍정선 강계숙 엮음

문학과지성사

문학과지성 시인선 400
내 생의 중력

초판 1쇄 발행 2011년 10월 18일
초판 5쇄 발행 2024년 5월 9일

지 은 이 홍정선 강계숙
펴 낸 이 이광호
펴 낸 곳 ㈜문학과지성사
등록번호 제1993-000098호
주   소 04034 서울 마포구 잔다리로7길 18(서교동 377-20)
전   화 02)338-7224
팩   스 02)323-4180(편집) 02)338-7221(영업)
전자우편 moonji@moonji.com
홈페이지 www.moonji.com

ⓒ ㈜문학과지성사, 2011. Printed in Seoul, Korea

ISBN 978-89-320-2240-6 03810

이 책의 판권은 지은이와 ㈜문학과지성사에 있습니다.
양측의 서면 동의 없는 무단 전재 및 복제를 금합니다.

문학과지성 시인선 400
내 생의 중력

홍정선 강계숙 엮음

2011

변하지 않는 시야에 서 있는 귀향의 끝,
평범하게 말없이 살자고 약속했던 그대여,
끝없는 추락까지 그리워하며 잠들던 그대여,
나도 안다, 우리는 아직 여행을 끝내지 않았다.
내가 찾던 평생의 길고 수척한 행복을 우연히
넓게 퍼진 수억의 낙화 속에서 찾았을 뿐이다.

―마종기, 「북해의 억새」에서

내 생의 중력

차례

향(香) **황동규** 9
북해의 억새 **마종기** 11
광휘의 속삭임 **정현종** 13
둑과 나 **오규원** 15
가을 맨드라미 **홍신선** 17
무명씨(無名氏) **김형영** 19
타마리스크 나무 아래 **신대철** 20
정각암 수련꽃 **한승원** 22
통 **이하석** 23
마네킹 **조창환** 25
꽃을 위한 노트 **김명인** 27
한려수도의 유람선이 말했다 **장영수** 31
회화나무 그늘 **이태수** 33
춘추(春秋) **김광규** 35
빈 거미집에 대한 빈 단상 **문충성** 36
고래의 항진 **박남철** 38
전세계의 쓰레기여 단결하라 **김혜순** 41
쓸쓸해서 머나먼 **최승자** 44
새벽 세 시의 사자 한 마리 **남진우** 45
나는 나를 묻는다 **이영유** 47
말 없는 나무의 말 **이재무** 48

영목에서   **윤중호** 52
기다린다는 것에 대하여   **정일근** 54
알 수 없어요   **황인숙** 56
퀵 서비스   **장경린** 57
혹독한 기다림 위에 있다   **김윤배** 58
풍장   **최영철** 59
저토록 저무는 풍경   **박주택** 62
꽃밭에서   **송찬호** 64
새벽 발굴   **허수경** 65
연못   **장석남** 69
마이산   **채호기** 71
모순 1   **조 은** 74
머리맡에 대하여   **이정록** 75
상황 그릇   **박라연** 79
레바논 감정   **최정례** 81
자미원 간다   **조용미** 85
보이저 1호가 우주에서 돌아오길 기다리며   **함성호** 87
천사가 지나간다   **박정대** 90
오리   **이윤학** 91
책상   **박형준** 93
풍경   **양진건** 95
영웅   **이 원** 96
아픔   **강 정** 99
반가사유   **류 근** 100
파리   **조인선** 102
이것은 사람이 할 말   **김소연** 103

꽃범벅 서상영 106
창문이 비추고 있는 것 이수명 108
당신의 텍스트 1 성기완 110
꿈속의 생시 윤의섭 111
아프리카 식 인사법 이장욱 113
나무를 지나서 임선기 115
적도 연왕모 116
그맘때에는 문태준 118
인중을 긁적거리며 심보선 120
사과나무 이병률 124
나를 닮은 얼굴들 곽효환 126
미루나무 유종인 127
내 몸속에 잠든 이 누구신가 김선우 129
물속의 돌 이철성 130
앵두가 뒹굴면 김영남 132
거울 속의 눈사람 이경임 133
빈 화분 김점용 135
기록 보관소 권혁웅 137
환(幻) 이기성 139
지구의 끝 신해욱 140
해변의 얼굴 김행숙 142
피 속을 달린다 최치언 144
젖이라는 이름의 좆 김민정 146
가위놀이 이민하 148
휘파람새 이준규 150
친애하는 비트겐슈타인 선생께 진은영 152

내리막길의 푸른 습기 **이승원** 154
새떼를 베끼다 **위선환** 156
푸른 수염의 마지막 여자 **김이듬** 158
오후 여섯 시에 나는 가장 길어진다 **신영배** 161
적기(赤記) **장석원** 163
나는 자전거를 타고 **하재연** 165
회전목마가 돌아간다 Sick Fuck Sick Fuck **황병승** 167
무반주 계절의 마지막 악장 **최하연** 172
주저흔 **김경주** 173
뼈 **이근화** 175
면목동 **유희경** 177

해설 | 간절하지, 돌고래처럼 · 강계숙 179
수록 시인 소개 200

향(香)

비 긋자 아이들이 공 차며 싱그럽게 자라는
원구 초등교 자리, 가톨릭 대구 교구 영해 수련장
현관 앞에 서 있는 향나무
선들바람 속에 짙은 초록으로 불타고 있다.
나무들 가운데 불의 형상으로 살고 있는 게 바로
향나무지,
중얼대며 자세히 살펴보면
몇 년 전 출토된 백제 금동 향로 모습이 타고 있다.
선들바람 속에 타고 있다.
혹시 금동장(金銅匠)이 새로 앉힐 향로의 틀을
찾다
향의 속내를 더듬다
저도 몰래 향나무 속으로 들어간 것은 아닐까?
아이들이 금 밖으로 흘리는 공을 되차주기도 하며
운동장을 몇 바퀴 돌고 나무 앞에 선다.
아이 둘이 부딪쳐 나뒹굴어졌다 툭툭 털며 일어
난다.
이 살아 불타고 있는 향로 앞에서

이 세상에 태울 향 아닌 게 무엇이 있나?
속으로 가만히 물어본다.

__황동규, 『꽃의 고요』(312)에서

북해의 억새

정확히는 해안이 아니었어.
북해를 하염없이 내려다보고 있는 능선,
그 언덕에 핀 지천의 은빛 억새꽃이
며칠째 메아리의 날개를 내게 팔았지.
저녁 바람을 만나는 억새의 황홀을 정말 아니?

그래도 가을 한 자락이 황혼 쪽에 남았다고
암술과 수술을 구별하기 힘든 억새꽃이
뺨 위의 멍 자국만 남은 내게 다가와
만발한 집착은 버려야 한다고 중얼거렸다.

나는 왜 오래 장소에만 집착하며 살아왔는지,
내가 사는 곳에는 사철 열등감만 차 있고
눈이 올 듯 늘 어둡고 흐려야만 안심을 했지.
그래서 순천에서 만난 억새는 놀라움이었어.
북해에 살던 그 풀들도 친척이 된다는 말,
얼마나 내 묵은 심사를 편하게 해주었던지.

나는 이제 아무 데나 엎드려 잠잘 수 있다.
하루 종일 자유롭게 길 떠나는 씨를 안은 꽃,
꽃이라 부르기엔 눈치 보이던, 북해의
외딴 억새도 고향의 화사한 피의 형제라니!
저녁이면 음정이 같은 메아리가 된다니!

변하지 않는 시야에 서 있는 귀향의 끝,
평범하게 말없이 살자고 약속했던 그대여,
끝없는 추락까지 그리워하며 잠들던 그대여,
나도 안다, 우리는 아직 여행을 끝내지 않았다.
내가 찾던 평생의 길고 수척한 행복을 우연히
넓게 퍼진 수억의 낙화 속에서 찾았을 뿐이다.

　__마종기,『하늘의 맨살』(376)에서

광휘의 속삭임

저녁 어스름 때
하루가 끝나가는 저
시간의 움직임의
광휘,
없는 게 없어서
쓸쓸함도 씨앗들도
따로따로 한 우주인,
(광휘 중의 광휘인)
그 움직임에
시가 끼어들 수 있을까.

아픈 사람의 외로움을
남몰래 이쪽 눈물로 적실 때
그 스며드는 것이 혹시 시일까.
(외로움과 눈물의 광휘여)

그동안의 발자국들의 그림자가
고스란히 스며 있는 이 땅속

거기 어디 시는 가슴을 묻을 수 있을까.
(그림자와 가슴의 광휘!)

그동안의 숨결들
고스란히 퍼지고 바람 부는 하늘가
거기 어디서 시는 숨 쉴 수 있을까.
(숨결과 바람의 광휘여)

__정현종, 『광휘의 속삭임』(352)에서

둑과 나

길은 바닥에 달라붙어야 몸이 열립니다
나는 바닥에서 몸을 세워야 앞이 열립니다
강둑의 길도 둑의 바닥에 달라붙어 들찔레 밑을 지나 메꽃을 등에 붙이고
엉겅퀴 옆을 돌아 몸 하나를 열고 있습니다
땅에 아예 뿌리를 박고 서 있는 미루나무는 단단합니다
뿌리가 없는 나는 몸을 미루나무에 기대고
뿌리가 없어 위험하고 비틀거리는 길을 열고 있습니다 엉겅퀴로 가서
엉겅퀴로 서 있다가 흔들리다가
기어야 길이 열리는 메꽃 곁에 누워 기지 않고 메꽃에서 깨꽃으로 가는
나비가 되어 허덕허덕 허공을 덮칩니다
허공에는 가로수는 없지만 길은 많습니다 그 길 하나를
혼자 따라가다 나는 새의 그림자에 밀려 산등성이에 가서 떨어집니다

산등성이 한쪽에 평지가 다 된 봉분까지 찾아온 망초 곁에 퍼질러 앉아
여기까지 온 길을 망초에게 묻습니다
그렇게 묻는 나와 망초 사이로 메뚜기가 뛰고
어느새 둑의 나는 미루나무의 그늘이 되어 어둑어둑합니다

__오규원, 『새와 나무와 새똥 그리고 돌맹이』(301)에서

가을 맨드라미

　1

근본 한미한
선비는 다만 적막할 따름이다

이따금
무료를 간 보느니

　2

간 여름내
드높이 간두에 돋우었던 생각의 화염을
속으로 속으로만 낮춰 끄고 있노니

유배 나가듯
병마에 구참(久參)들 하나둘 자리 뜨는
텅 빈

가을날

___홍신선, 『우연을 점 찍다』(360)에서

무명씨(無名氏)

별이 하나 떨어졌다.
눈에 없던 별이다.

캄캄한 하늘에 비질을 하듯
한 여운이 잠시
하늘에 머물다 사라진다.
흔적 하나 남기지 않고
보다 작게
보다 낮게
한 푼 남김없이 살다 간 사람,

그를 기억하소서.
그의 여운이 아직 사라지기 전에
한때 우리들의 이웃이었던 그를.

__김형영, 『나무 안에서』(366)에서

타마리스크 나무* 아래

 모래폭풍이 땅을 뒤집는 순간 황야가 떠오르기 시작했다. 어두운 몸으로는 감당할 수 없는 푸른 하늘, 붉은 흙먼지, 야생의 숨결을 받은 것들은 숨 돌릴 새 없이 몸부림쳤다. 무엇에 쫓겨 가는지 짐승들이 미친 듯이 달렸다. 밤새 살아남은 발자국들은 거대한 먼지굴 속에서 굴러 나와 먼지를 끌고 달렸다. 황야에 들어갈수록 긴 꼬리가 생기고 몸이 팽창했다. 달궈진 시간만 소멸하면서 생성되었다. 나는 내가 인간도 짐승도 아니라는 것 말고는, 내가 없는 곳에서 내가 무수히 태어난다는 것 말고는, 무엇이 소멸 속에서 생성되고 있는지 알 수 없었다.

 지평선은 둥글고 향긋해도
 그 중심은 깊고 황막한 곳

 다시 황야로 들어간다면 모래폭풍 넘어 타마리스크 나무 아래 서 있고 싶다.
　__신대철, 『바이칼 키스』(332)에서

* 버드나무의 일종으로 사막이 시작되고 끝나는 곳에서 자란다.

정각암 수련꽃

황금가루 빛 쏟아지는 초여름 한낮
정각암으로 부처님 배알하러 갔는데
법당에 계셔야 할
부처님 그 앞에서 염불하고 계셔야 할
스님 보이지 않았습니다,
이를 어쩌나,
눈 크게 뜨고 다시 보니
부처님은
연못의 흰 수련 꽃잎에서
스님은
자색 수련 꽃잎에서 빙그레 웃으십니다,
아제아제 바라아제 바라승아제 모지 사바하.*

__한승원, 『달 긷는 집』(348)에서

* '가자 가자 더 높은 곳으로 가자. 그 뜻이 이루어지게 하소서'라는 주문. 『반야바라밀다심경』의 맨 끝에 나온다.

통

통은 안이 안 보이게 닫혀 있다
그것들은 쌓여 있다
통들은 서 있는 게 누워 있는 것 같다

그것들은 끝까지 무표정하게 놓여 있다
통 심심하지 않은 표정들이다
나는 그것들 위에 아무렇게나 앉아서
나의 그늘을 내려다본다

통 안이 안 보인다 해서
때로 그 안이 짐작되지 않는 것은 아니다
세계 곳곳에는 그런 것들이 쌓여 있다
그 안에 내 시를 넣은 것도 있다고 우겨봐도
그것들은 무표정하게 놓여 있을 뿐이다

그 안에 주검이 들어 있어도 시간은 썩지 않을 것이다
 삶을 위한 메모와 추억과 욕망의 계산서들이 들어
있어도

글쎄, 그것들은 무표정하게 쌓여 있을 뿐이다
어디로든 운반되기를 갈망하고
서로 포개진 채 묵묵히 기다리기도 한다

__이하석, 『것들』(319)에서

마네킹

마드모아젤 양장점 앞을 십 년 넘게 지나다녔어도
쇼윈도 안의 마네킹 셋이 서로 흘끗거리는 건
오늘 아침 출근길에 처음 보았다

툴루즈 로트렉의 「물랭루즈」에 나오는
빨간 스타킹의 비뚤어진 무희 같은
키 큰 마네킹이 돌아 서 있고

「7년 만의 외출」의 마릴린 먼로 같은
젖가슴 늘어지고, 음탕하고
맨 종아리 허벅지까지 드러낸, 백치 같은
거품 많은 마네킹이 마주 서 있다

은사시나무, 여름 달빛에 흔들리는
잎맥 가늘고 여린
바비 인형 같은 마네킹은 고개를 숙이고

안 보는 척하면서 눈길을 주고 있다

입술 삐쭉 내밀며 아랫도리 오므리는
저것들이 구미호 다 된 줄을
오늘 처음 알았다

퇴근길엔
학교 운동장에 세워둔 내 늙은 자동차도
너무 오래 쓸쓸한 어둠 속에 떨었노라고
암내 맡은 나귀처럼 툴툴거렸다

__조창환, 『마네킹과 천사』(377)에서

꽃을 위한 노트

1

겨울을 견뎌낸 꽃나무나
겨울을 모르는 푸새도
함께 꽃을 피운다
한지(寒地)의 꽃 더 아름답다 여기는 것은
온몸이 딛고 선 신고(辛苦) 때문일까

2

방학을 끝내고 출근한 연구실
겨우내 움츠렸을 금화산 홀로 꽃대를 세우고 있다
보라 꽃 몇 송이가 절벽처럼 아뜩했다
어떤 우레 저 난(蘭)의 허기 속을 스쳐 간 것일까
석 장 속 꽃잎으로 가득 퍼담은 노란 조밥

뿌리 부근에 낙화가 있어 살펴보니

또 다른 꽃대 하나가 온몸을 비틀면서
두 그릇이나 꽃밥을 돌밭에 엎질러놓았다
각혈 선명한 저 절정들!
연한 줄기 자칫 꺾어버릴 것 같아
추스려 담으려다 그만두었다

점심시간에는 교직원 식당에서
암 투병하는 이 선생 근황을 전해 들었다
온 힘을 다해 어둠 너머로 그가 흔들어 보냈을
플라스크 속 섬광의 파란 봉화들!
오후에는 몇 학기째 논문을 미룬 제자가 찾아왔다
논리의 무위도식에 이끌려 다니는 삼십대 중반에게
견디라고 얼어 죽지 말라고
끝내는 텅 빈 메아리 같아서 건넬 수밖에 없던 침묵
그에게 거름이 되었을까 절망으로 닿았을까
꽃대 세우지 못하는 시업(詩業)이 탕진해 보내는
눅눅한 내 무정란의 시간들

서른 해 더
시(詩) 속에 구겨 넣었던 나의 논리는 무엇이었나?

   3

절정을 모르는 꽃 시듦도 없지.

   4

내가 나의 꽃 아직도 기다리듯
너는 네 허공을 지고 거기까지 가야 한다
우리 불행은 피기도 전에 시드는 꽃나무를
너무 많이 알고 있는 탓 아닐까?
추위도 더위도 모르는 채 어느새 갈잎 드는

활짝 핀 꽃이여, 등 뒤에서 나를 떠밀어다오

꽃대의 수직 절벽에서
낙화의 시름 속으로!

__김명인, 『파문』(302)에서

한려수도의 유람선이 말했다

벚꽃 만발한 사월이라는 것이 왠지 조금은
언짢지만 평소와 다름없이 나, 유람선은
부두를 떠나간다 울긋불긋 승객들을 싣고서

나, 유람선은 뱃길 따라 남해 바다를 가른다
일단의 여유 한가로움에 잠긴 이들 혹은
멀리서 온 듯도 싶은 이들을 흔들어주면서

나, 유람선 주변 물거품들은 쉴 새 없이
포말 지는데 갑판의 어떤 사람들은 술들을
마신다 혹은 풍경들을 카메라에 담는다

안내양이 음악을 틀면 아래층 공연장에선
승객들이 몸들을 부딪혀가며 춤들을 춘다
다리가 다 풀릴 때까지라도 저러는 건 지금

여기가 동네나 집 아닌 나, 유람선의 품속인
때문인가 사실은 거기가 도로 거길 텐데

착각들이 때때로 아름답고 안쓰럽구나

여하튼 누구든지 좀더 먼 바다로 나가보고
싶어지는 어느 날이 있어 오늘 마침 그대는
오래된 뱃길 어디쯤에 있었다 그렇다

사실을 말하자면 이 뱃길은 영원한 성지였다
그렇다고 옛 충무공님 때문에 새삼 눈시울
적시진 않아도 물론 괜찮다

어쨌든 그대는 오늘 나, 유람선의 갑판
어느 모퉁이에 있었다 그대 생명의 원천이
애초에 아주 작은 물 조각 하나였던 것처럼

그대는 오늘따라 옛날의 그 하나의 물 조각이
된 것처럼 망망한 바다 위에 있었다 현실감각 쪽
도금이 조금은 벗겨진 모습으로 있었다

　_장영수, 『그가 말했다』(325)에서

회화나무 그늘

 길을 달리다가, 어디로 가려 하기보다 그저 길을 따라 자동차로 달리다가, 낯선 산자락 마을 어귀에 멈춰 섰다. 그 순간, 내가 달려온 길들이 거꾸로 돌아가려 하자 늙은 회화나무 한 그루가 그 길을 붙들고 서서 내려다보고 있다.

 한 백 년 정도는 그랬을까. 마을 초입의 회화나무는 언제나 제자리에서 오가는 길들을 끌어안고 있었는지 모른다. 세월 따라 사람들은 이 마을을 떠나기도 하고 돌아오기도 했으며, 나처럼 뜬금없이 머뭇거리기도 했으련만, 두껍기 그지없는 회화나무 그늘.

 그 그늘에 깃들어 바라보면 여름에서 가을로 건너가며 펄럭이는 바람의 옷자락. 갈 곳 잃은 마음은 그 위에 실릴 뿐, 눈앞이 자꾸만 흐리다. 이젠 어디로 가야 할는지, 이름 모를 새들은 뭐라고 채근하듯 지저귀지만 도무지 알아들을 수 없다.

여태 먼 길을 떠돌았으나 내가 걷거나 달려온 길들이 길 밖으로 쓰러져 뒹군다. 다시 가야 할 길도 저 회화나무가 품고 있는지, 이내 놓아줄 건지. 하늘을 끌어당기며 허공 향해 묵묵부답 서 있는 그 그늘 아래 내 몸도 마음도 붙잡혀 있다.

　__이태수, 『회화나무 그늘』(355)에서

춘추(春秋)

창밖에서 산수유 꽃 피는 소리

한 줄 쓴 다음
들린다고 할까 말까 망설이며
병술년 봄을 보냈다
힐끗 들여다본 아내는
허튼소리 말라는
눈치였다
물난리에 온 나라 시달리고
한 달 가까이 열대야 지새며 기나긴
여름 보내고 어느새
가을이 깊어갈 무렵
겨우 한 줄 더 보탰다

뒤뜰에서 후박나무 잎 지는 소리

_김광규, 『시간의 부드러운 손』(333)에서

빈 거미집에 대한 빈 단상

애 밴 무지개가 걸린다
밀잠자리
노랑나비
팔랑팔랑
하얗게 달빛이 걸린다
어두운 밤 별빛이 걸린다 파랗게
눅눅한 바람도 힘없이 걸린다
온 세상 걸려오지만 빈 거미집에, 아아
거미여!
지상의 어디쯤 헤매어 다니는가
끝없이
풀려 나가는 그리움의 실꾸리
그 끝을 찾고 있는가 홀로
지은 집에서 삭이던
의혹과 반란과 허무 다 내버리고
죽음이 걸려올 때까지
한 뼘 남은 목숨
빈 세월 걸어놓고

무엇을 꿈꾸고 있는가

어디에서

__문충성, 『백 년 동안 내리는 눈』(328)에서

고래의 항진

꼬리로 바다를 치며 나아간다

타아앙……

갈매기 떼, 들, 들, 갈매기들 날고

타아앙……

어디 머리가 약간 모자라는

돌고래 한 마리도 꼬리에 걸리며

타아앙……

자기가 고래인 걸로 잠시 착각한 늙은

숫물개 한 마리도 옆구리에 치인다

타아앙……

입안에 가득 고이는 새우, 새우들,

타아앙……

나는 이미 바다이고 바다는 이미 나이다

타아앙……

나는 이미 고래이고 고래는 또한 나이다

타아앙……

분별하려는 것들은 이미 고래가 아니다

타아앙……

분별하려는 것들은 이미 바다도 아니다

타아앙……

꼬리로 바다를 치며 나아간다

타아아아앙……

꼬리로 나를 치며 나아간다,

타아아아아아앙……

시작 메모

1999년 봄여름에 써두었던 시다.

Dschinghis Khans "Dschinghis Khan"
〈embed src=
"http://song.oldbutgood.co.kr/GenghisKhan-Genghiskhan.wma"
loop="true"〉

__박남철, 『바다 속의 흰머리뫼』(306)에서

전세계의 쓰레기여 단결하라

당신이 떠난 자리에 맥주병 두 개 담배꽁초 한 개 메모지 두 장.
왜 내 전화를 먹니? 메시지를 먹니? 먹을 게 그렇게 없니?
당신은 통신 부르주아. 나는 왜 항상 전화가 무섭니?
나는 당신이 쳐다보면 항상 무엇으로 변해야 할 것 같아. 소파에 고꾸라진 옷 뭉치로 변하는 건 어떨까?
아니면 뒤집어져서 버둥거리는
모든 짐승의 불쌍한 배처럼 얄따란 분홍색
누군가의 입술에 매달린 풍선껌은 어떨까?
당신은 아니?
눈동자의배꼽신. 팔뚝의귓바퀴신.
고구마무릎의사과씨신. 돼지발톱의병아리신.
꿈꾸는물방개의물푸레나무신. 어여쁜아가씨의뒤꿈치발톱신. 개미귀신의고양이눈깔신. 쥐구멍의고양이몸뚱아리추깃물신. 총체흔드는아줌마팔뚝의코끼리신. 프레온가스처럼터져나오는침방울. 사자의썩은입냄새보다더굴욕구역질침샘신.

당신은 당신과 나의 사지에 매달린 신님들 모두 아니?
당신이 떠난 자리에 젖어버린 수건 뱉어버린 껌 뭉개진 토마토. 저마다 몽땅 몸을 빌려준 고마우신 검은 비닐봉지님들. 내 발아래 콘크리트와 철근과 유리창의 깍지 낀 팔뚝들이여.
그 팔뚝들을 집요하게 내리치는 기계해머팔뚝들이여 드높아라.
전세계의 돼지여 단결하라 신. 전세계의 고양이여
버터가 되자 신. 손목들이여 팔뚝을 탈출하라 신.
축구 선수 입에서 튀어나오는 욕설 무더기 고등어 시체 신. 인도에는 신님들 수가 3억. 사람은 거기 모두 몇 명 살까?
하늘 땅 바다에서 몰려온 별의별 신님들.
당신이 떠난 자리에 내가 마치 쓰레기 신처럼 좌정하고, 사람에 대한 공복으로 이제껏 버티고 계신
저 더럽게 제일 높으신 신님처럼
쓰레기 매립지로 가는 초록색 트럭을
기다리고 있다는 거, 아니? 모르니?

매일 매일 빠져버린 당신과 나의 머리카락들이
저 멀리 바다에서 빙산 녹은 물과 섞이고 있다는 거,
아니? 모르니? 당신콧구멍의콧털따가운지구한방울신!

　__김혜순, 『당신의 첫』(345)에서

쓸쓸해서 머나먼

먼 세계 이 세계
삼천갑자동방삭이 살던 세계
먼 데 갔다 이리 오는 세계
짬이 나면 다시 가보는 세계
먼 세계 이 세계
삼천갑자동방삭이 살던 세계
그 세계 속에서 노자가 살았고
장자가 살았고 예수가 살았고
오늘도 비 내리고 눈 내리고
먼 세계 이 세계

(저기 기독교가 지나가고
불교가 지나가고
도가(道家)가 지나간다)

쓸쓸해서 머나먼 이야기올시다

__최승자, 『쓸쓸해서 머나먼』(372)에서

새벽 세 시의 사자 한 마리

지금
목마른 사자 한 마리 내 방 문 앞에 와 있다

어둠에 잠긴 사방
시계 똑딱거리는 소리
잠자리에 누운 내 심장에 와 부딪치고
창 가득히 밀려온 밤하늘엔 별 하나 없다

아득히 먼 사막의 길을 걸어 사자 한 마리
내 방 문 앞까지 왔다
내 가슴의 샘에 머리를 처박고
긴 밤 물을 마시기 위해

짧은 잠에서 깨어나 문득 눈을 뜬 깊은 밤
돌아보면 아무도 없는 허허벌판의 텅 빈 방
불어오는 바람에 흩날리는 사자의 갈기가
내 얼굴을 간지럽힌다

타오르는 사자의 커다란 눈이 내 눈에 가득 차고
사나운 사자의 앞발이 내 목줄기를 짓누를 때
천둥처럼 전신에 와 부딪는
시계 똑딱거리는 소리

문을 열고 나가보면 어두운 복도 저편
막 사라지는 사자의 꼬리가 보인다

_남진우, 『새벽 세 시의 사자 한 마리』(321)에서

나는 나를 묻는다

가을이 하늘로부터 내려왔다
풍성하고 화려했던 언어(言語)들은 먼 바다를
찾아가는 시냇물에게 주고,
부서져 흙으로 돌아갈 나뭇잎들에게는
못다 한 사랑을 이름으로 주고,
산기슭 훑는 바람이 사나워질 때쯤,
녹색을 꿈꾸는 나무들에게
소리의 아름다움과
소리의 미래에 대하여 이야기한다
거친 대지(大地)를 뚫고 새싹들이
온 누리에 푸르름의 이름으로 덮힐 때쯤
한곳에 숨죽이고 웅크려
나는 나를 묻는다
봄이 언 땅을 녹이며 땅으로부터
올라온다

__이영유, 『나는 나를 묻는다』(330)에서

말 없는 나무의 말

이사 온 아파트 베란다 앞 수령 50년 오동나무

저 굵은 줄기와 가지 속에는 얼마나 많은,

구성진 가락과 음표 들 살고 있을까

과묵한 얼굴을 하고 골똘히 생각에 잠겨 있는 그를

마주 대하고 있으면 들끓는 소음의 부유물 조용히 가라앉는다

기골이 장대한 데다 과묵한 그에게서 그러나 나는 참 많은 이야기를 듣는다

그는 나도 모르는 전생과 후생에 대하여 말하기도 하는데

구업 짓지 말라는 것과 떠나온 것들에 연연해하지

말 것과

　인과에는 반드시 응보가 따른다는 것을

　옹알옹알 저만 알아듣는 소리로 조근거리며

　솥뚜껑처럼 굵은 이파리들 아래로 무겁게 떨어뜨린다

　동갑내기인 그가 나는 왜 까닭 없이 어렵고 두려운가

　어느 날인가 바람이 몹시 심하게 불던 밤은

　누군가 창문 흔드는 소리에 깨어 일어나 보니

　베란다 밖 그가 어울리지 않게 우람한 덩치를 크게 흔들어대며 울고 있었다

나는 그 옛날 무슨 말 못할 설운 까닭으로

달빛 스산한 밤 토방에 앉아 식구들 몰래 속으로 삼켜 울던 아버지의 울음을

훔쳐본 것처럼 당황스러워 애써 고개를 돌려 외면했는데

다음 날 아침 그는, 예의 아버지가 그랬듯이 시치미 딱 떼고 아무 일 없었다는 듯

무심한 표정으로 돌아가 데면데면 나를 대하는 것이었다

바깥에서 생활에 지고 돌아온 저녁 그가 또 손짓으로 나를 부른다

참 이상하다 벌써 골백번도 더 들은 말인데

그가 하는 말은 처음인 듯 새록새록,

김장 텃밭에 배추 쌓이듯 차곡차곡 귀에 들어와 앉는 것인지

불편한 속 거짓말처럼 가라앉는다

그의 몸속에 살고 있는 가락과 음표 들 절로 흘러나와서

뭉쳐 딱딱해진 몸과 마음 구석구석 주물러주고 두들겨주기 때문일 것이다
　__이재무, 『경쾌한 유랑』(389)에서

영목에서

 어릴 때는 차라리, 집도 절도 피붙이도 없는 처량한 신세였으면 좋겠다고 생각한 적이 있었다. 뜬구름처럼 아무 걸림 없이 떠돌다 갔으면 좋겠다고 생각했다.

 한때는 칼날 같은 세상의 경계에 서고 싶은 적이 있었다. 자유라는 말, 정의라는 말, 노동이라는 말, 그리고 살 만한 세상이라는 말, 그 날 위에 서서 스스로 채찍질하며 고개 숙여 몸을 던져도 좋다고 생각했다.

 한때는 귀신이 펑펑 울 그런 해원의 시(詩)를 쓰고 싶었다. 천년의 세월에도 닳지 않을, 언듯 주는 눈길에도 수만 번의 인연을 떠올려 서로의 묵은 업장을 눈물로 녹이는 그런 시.

 이제 이 나이가 되어서야, 지게 작대기 장단이 그리운 이 나이가 되어서야, 고향은 너무 멀고 그리운 사람들 하나둘 비탈에 묻힌 이 나이가 되어서야, 돌아갈 길이 보인다.

대천 뱃길 끊긴 영목에서 보면, 서해 바다 통째로 하늘을 보듬고 서서 토해내는 그리운 노을을 가르며 날아가는 갈매기.

아무것도 이룬 바 없으나, 흔적 없어 아름다운 사람의 길,

어두워질수록 더욱 또렷해.

__윤중호, 『고향 길』(305)에서

기다린다는 것에 대하여

먼 바다로 나가 하루 종일
고래를 기다려본 사람은 안다
사람의 사랑이 한 마리 고래라는 것을
망망대해에서 검은 일 획 그으며
반짝 나타났다 빠르게 사라지는 고래는
첫사랑처럼 환호하며 찾아왔다
이뤄지지 못할 사랑처럼 아프게 사라진다
생의 엔진을 모두 끄고
흔들리는 파도 따라 함께 흔들리며
뜨거운 햇살 뜨거운 바다 위에서
떠나간 고래를 다시 기다리는 일은
그 긴 골목길 마지막 외등
한 발자국 물러난 캄캄한 어둠 속에 서서
너를 기다렸던 일
그때 나는 얼마나 너를 열망했던가
온몸이 귀가 되어 너의 구둣발 소리 기다렸듯
팽팽한 수평선 걸어 내게로 돌아올
그 소리 다시 기다리는 일인지 모른다

오늘도 고래는 돌아오지 않았다
바다에서부터 푸른 어둠이 내리고
떠나온 점등인의 별로 돌아가며
이제 떠나간 것은 기다리지 않기로 한다
지금 고래가 배의 꼬리를 따라올지라도
네가 울며 내 이름 부르며 따라올지라도
다시는 뒤돌아보지 않겠다
사람의 서러운 사랑 바다로 가
한 마리 고래가 되었기에
고래는 기다리는 사람의 사랑 아니라
놓아주어야 하는 바다의 사랑이기에

_정일근, 『기다린다는 것에 대하여』(358)에서

알 수 없어요

내가 멍하니 있으면
누군가 묻는다
무슨 생각을 그리 골똘히 하느냐고

내가 생각에 빠져 있으면
누군가 묻는다
왜 그리 멍하니 있느냐고

거미줄처럼 얽힌 복도를 헤매다 보니
바다,
바닷가를 헤매다 보니
내 좁은 방.

__황인숙, 『리스본行 야간열차』(341)에서

퀵 서비스

봄이 오면 제비들을 보내드리겠습니다
씀바귀가 자라면 입맛을 돌려드리겠습니다
비 내리는 밤이면
발정 난 고양이를 담장 위에
덤으로 얹어드리겠습니다 아기들은
산모 자궁까지 직접 배달해드리겠습니다
자신이 타인처럼 느껴진다면
언제든지 상품권으로 교환해드리겠습니다
꽁치를 구우면 꽁치 타는 냄새를
노을이 물들면 망둥이가 뛰노는 안면도를
보내드리겠습니다 돌아가신 이들의 혼백은
가나다순으로 잘 정돈해두겠습니다
가을이 오면
제비들을 데리러 오겠습니다
쌀쌀해지면 코감기를 빌려드리겠습니다

__장경린, 『토종닭 연구소』(310)에서

혹독한 기다림 위에 있다

소금밭으로 변한 호수 위에 내가 섰다
수심 깊이 숨어 있던 그리움들의
부활, 너와 나를 종단하던 시간이
순장의 수수만년을 기다려
수정의 모습으로 솟아오르는 현장
흰 소금의 결정으로 부활한 시간 속에
네가 없다 소멸 위에 꽃 핀
참혹한 시간이 있을 뿐
대지는 마지막 한 방울의
물이 스며들기를 기다려
네게로 가는 길을 냈을 거다
시간이 작은 수정의 모습으로 부활하기를
기다렸던 거다 기다림이란 저런 거다
죽은 시간 위에 소금의 결정으로 부활하는 사랑
나는 지금 그 혹독한 기다림 위에 있다

_김윤배, 『혹독한 기다림 위에 있다』(331)에서

풍장

멀리 갈 것도 없이
그는 윗도리 하나를 척 걸쳐놓듯이
원룸 베란다 옷걸이에 자신의 몸을 걸었다
딩동 집달관이 초인종을 누르고
쾅쾅 빚쟁이가 문을 두드리다 갔다
그럴 때마다 문을 열어주려고 펄럭인
그의 손가락이 풍장되었다
하루 대여섯 번 전화기가 울렸고
그걸 받으려고 펄럭인
그의 발가락이 풍장되었다
숨넘어가는 해를 바라보려고
창을 조금 열어두길 잘했다
옷걸이에 걸린 그의 임종을
해가 그윽이 내려다보았고
채 감지 못한 눈을 바람이 달려와 닫아주었다
살아 있을 때 이미 세상이 그를 묻었으므로
부패는 이미 상당히 진행된 상태였다
진물이 뚝뚝 흘러내릴 즈음

초인종도 전화벨도 더 이상 울리지 않았다
바닥에 떨어지는 눈물을
바람이 와서 부지런히 닦아주고 갔다
몸 안의 물이 다 빠져나갈 즈음
풍문은 잠잠해졌고
그의 생은 미라로 기소중지되었다
마침내 아무도 그립지 않았고
그보다 훨씬 먼저
세상이 그를 잊었다는 것도 알게 되었다
식아 희야 하고 나직이 불러보아도
눈물 같은 건 흐르지 않았다
바람만 간간이 입이 싱거울 때마다
짠물이 알맞게 밴 몸을 뜯어먹으러 왔다
자린고비 같은 일 년이 갔다
빵을 꿰었던 꼬챙이만 남아
그는 건들건들 세월아 네월아
껄렁한 폼으로 옷걸이에 걸려 있었다
경매에 넘어간 그를 누군가가 구매했고

쓰레기봉투에 쑤셔 넣기 전
쓸데없는 물건으로 분류된 뼈다귀 몇 개를
발로 한번 툭 걷어찼다

__최영철, 『찔러본다』(380)에서

저토록 저무는 풍경

잎사귀 떨어지는 거리를 걷다 중국집 계단을 오르며
저무는 문에 볶음밥 냄새 훅 끼쳐오면
어서 빨리 시간이나 지나가라고
어서 빨리 이 계절을 지나 저 계절로 가라고
낮고 젖은 가슴으로부터 울려 퍼지는 울음들에게
가는 노래를 듣는다, 자장면 그릇에 모이는, 나부끼는
저 창밖의 잎사귀들은 검은 공기에 뜯겨 조서 없이
바람 속으로 들어갈 것이지만 세상은 스스로 만드는 것이라도
사람의 발자국에 남은 김 서린 목을 맬 수는 없겠지
오늘 밤은 또 무엇이 되려나 예기치 않은 것들이 얽혀
운명이 되는 밤 저 여미는 것들 슬픔이라도 만지는 듯
바람은 가는 노래에서 흘러나오는 입들에게
끝은 있다 끝은 있다 가르치지만
붐비는 울음 속에 세워진 혼을 빼앗긴 저녁은 온다

깊은 곳으로부터 한없이 사라지며 물결치는
저토록 저무는 밖의 풍경은 온다

__박주택, 『시간의 동공』(368)에서

꽃밭에서

탁란의 계절이 돌아와 먼 산 뻐꾸기 종일 울어대다
채송화 까만 발톱 깎아주고 맨드라미 부스럼 살펴보다
누워 있는 아내의 입은 더욱 가물다 혀가 나비처럼 갈라져 있다
오후 한나절 게으름을 끌고 밭으로 나갔으나 우각(牛角)의 쟁기에 발만 다치고 돌아오다
진작부터 곤궁이 찾아온다 했으나 마중 나가진 못하겠다
개와 고양이 지나다니는 무너진 담장도 여태 손보지 않고
찬란한 저 꽃밭에 아직 생활의 문도 세우지 못했으니

비는 언제 오나
얘야, 빨래 걷어야겠다
바지랑대 끝 뻐꾸기 소리 다 말랐다

__송찬호, 『고양이가 돌아오는 저녁』(359)에서

새벽 발굴

아직 해는 도착하지 않았습니다만
이곳으로 올 것만은 확실합니다
이삼 초 간격으로 달라지는 하늘빛을 보세요
마치 적군의 진격을 목전에 둔 마을
여인들의 공포 같은
빛의 움직임

해가 정격 포즈로 하늘을 완전 점령하고 나면
이 발굴지를 덥석 집어 제 식민지를 건설합니다
사탕수수도 목화도 자라지 않는 이 폐허
해는 이곳에 아찔한 정적을 경작하고
햇빛은 자유 데모보다 더 강렬하게
폐허의 심장을 움켜쥐지요

사방으로 줄자를 두르고
칼로 잘라낸 듯 땅을 나누고
(기록을 위해 만들어진 이 기술은 귀여워요, 감쪽
같이 당신이 이 지구에 있었던 마지막 자리를 남북경

위도 숫자로 딱 매겨내지요, 그리고 제가 지금 기록하고 있는 격자 안에 든 작은 발굴지 지도를 좀 보세요, 그 안에 점을 찍으면 그 점이 당신의 마지막 지상의 자리가 됩니다)

  그대들은 누구이신지요 앉은 다리로 서쪽을 향해 머리를 두고
  이 무덤 안에 든 그대들은 누구인지요
  햇빛이 나오자마자 날아오는 초원의 파리 떼들
  아직 산 자의 뜨거운 얼굴 땀으로 엉겨드는 파리 떼들

  이름 없는 집단 무덤
  해골 없이 다리뼈만 남아 있거나 마디가 다 잘린 손발을 가진 그대들
  해와 달이 다 집어먹어버린 곤죽의 살덩이들은
  흙이 되어 가깝게 그대들의 뼈를 덮었는데
  아직 흙에는 물기가 남아 있어

비닐봉지에 그대들을 담으면 송송 물이 맺힙니다

그대들은 누구인지요 심장 없는 별을 군복 깊숙이 넣고 사는
그대들은 누구인지요 저 초원에 사는 베두윈들이
별에 쫓겨 이 폐허로 들어와 실타래 같은 짠 치즈를 팔고
해에 쫓겨 헉헉거리다 잠시 하는 휴식 시간,
설탕에 절인 살구를 치즈와 함께 목구멍으로 넘기는
이 점령지 폐허에서 그대를 발굴하는
이는 또 누구인지요

저 해는 제 식민지를 잘 관리하는 이를테면 우주의 소작인인데
그리하여 우주보다 더 혹독하게 폐허의 등허리를 누르는데
흙먼지 미립 속에 찬연히 들어와 움직이는 식민 권력 속에

목마른 이는 물을 구하러 마을로 가고
폐허에 남은 이는 그대가 든 비닐봉지에 구멍을 뚫어주며
그대의 마지막 물기를 말리고 있습니다

__허수경, 『청동의 시간 감자의 시간』(309)에서

연못
── 산거(山居)

연못가에 앉아 있었다
연못가에 앉아 있었다
연못가에 앉아 있었다

바위와
바위와
구름과 구름과
바위와

손 씻고
낯 씻고
앉아 있었다

바람에
씻은 불처럼
앉아 있었다

연못은 혼자

꽃처럼 피었다 지네

―장석남, 『미소는, 어디로 가시려는가』(304)에서

마이산

봉우리 나무 밑에 섰을 때
시야는 탁 트여 파란 하늘에
흩어지는 말을 들으려 쫑긋거리는
돌이 멀리 돛을 펼치고 있다.
대지에서 출항하여 구름 사이로
항해하려는 듯 공기는 떨리고
금관악기의 저녁 빛이 돌에 닿아
황금빛 뱃고동으로 물든 돌이
바람을 머금고 펄럭이는 듯,

고요의 심연으로 시간은 가라앉고
깊은 물속에 잠긴 산과 골짜기와
나무들 사이에 수천만 년 전부터
그 자리에 꼼짝 않고 닳아왔던 돌처럼
입 벌려 말하려다 굳은 채 나는
서 있었다. 먼 옛날 거대한 호수가
융기할 때 물결 한 자락이 돌이 된
울렁임의 가락으로 같은 한 덩어리의

물에서 좀더 격렬하게 분출하며 솟아오른,
거대한 물방울이 굳은 저 마이산을 마주한 채
애타는 기다림이 서서 굳어버린 돌로.

고요의 마법이 풀리고 돌로 굳어버린 내
입이 말하기 시작하면 저 돌의 귀는 마침내
돌의 부동을 풀고 물이 되어 유동할까?
흐르다가 내 입과 저 귀는 다시 하나의 물결이 될까?
마이봉이 그토록 듣고 싶어 한 내 입속의 말은,

산과 숲과 돌이 얼어붙은 공기 아래
무겁게 잠겨 있는 황혼의 정지한 시간 속에
저 까마득한 바닥으로부터 기포처럼 천천히
떠올라 팔랑거리며 떠도는 작은 이파리들이
목구멍을 치밀어 오르는, 억눌린 말들이 되어
목울대를 부유한다. 마이산은 귀를 쫑긋거리며
펼친 돌돛 가득 바람을 머금고 저 황혼으로의
출항을 재촉하듯 우뚝한 돌의 입상으로

꺼져가는 황금색 뱃고동을 울린다.

—채호기, 『손가락이 뜨겁다』(361)에서

모순 1

삶의 갈래
그 갈래 속의 수렁
무수하다

손과 발은 열 길을 달려가고
정수리로 치솟은 검은 덤불은
수만 길로 뻗는다
끝까지 갔다가 돌아 나오지 못한 진창에서는
바글바글 애벌레가 기어오른다

봄꽃들 탈골한 길로
단풍 길 쏟아진다

손가락마다 지문을 새겨 살아도
내 몫이 아닌 흙이여

_조 은,『생의 빛살』(374)에서

머리맡에 대하여

 1

손만 뻗으면 닿을 곳에
머리맡이 있지요
기저귀 놓였던 자리
이웃과 일가의 무릎이 다소곳 모여
축복의 말씀을 내려놓던 자리에서
머리맡은 떠나지 않아요
아무 말도 떠오르지 않던 첫사랑 때나
온갖 문장을 불러들이던 짝사랑 때에도
함께 밤을 새웠지요 새벽녘의 머리맡은
구겨진 편지지 그득했지요
혁명시집과 입영 통지서가 놓이고 때로는
어머니가 놓고 간 자리끼가 목마르게 앉아 있던 곳
나에게로 오는 차가운 샘 줄기와
잉크병처럼 엎질러지던 모든 한숨이 머리맡을 에돌아 들고났지요
성년이 된다는 것은 머리맡이 어지러워지는 것

식은땀 흘리는 생의 빈칸마다
머리맡은 차가운 물수건으로 나를 맞이했지요
때론 링거 줄이 내려오고
금식 팻말이 나붙기도 했지요

2

지게질을 할 만하자/내 머리맡에서 온기를 거둬 가신 차가운 아버지/설암에 간경화로 원자력병원에 계실 때/맏손자를 안은 아내와 내가 당신의 머리맡에 서서/다음 주에 다시 올라올게요 서둘러 병원을 빠져나와 서울역에 왔을 때/환자복에 슬리퍼를 끌고 어느새 따라오셨나요/거기 장항선 개찰구에 당신이 서 계셨지요/방울 달린, 손자의 털모자를 사 들고/세상에서 가장 추운 발가락으로 서울역에 와 계셨지요/식구들 가운데 당신의 마음이 가장 차갑다고 이십 년도 넘게 식식거렸는데/얇은 환자복 밖으로 당신의 손발이 파랗게 얼어 있었죠/그 얼어붙은 손발, 다음 주에 와서 녹여드릴게요/그다음 주에 와서/,/그,/그다음 주에 와서 녹여드릴게요/안절부절이란 절에 요양 오신 몇 달 뒤/아, 새벽 전화는 무서워요/서둘러 달려가 당신의 손을 잡자/누군가 삼베옷으로 꽁꽁 여며놓은 뒤였지요

3

이제 내가 누군가의 머리맡에서
물수건이 되고 기도가 되어야 하죠
벌써 하느님이 되신 추운 밤길들
쓸쓸하다는 것은 내 머리맡에서
살얼음이 잡히기 시작했다는 거죠 그래요
진리는 내 머릿속이 아니라
내 머리맡에 있던 따뜻한 손길과 목소리란 것을
알고 있지만 말이에요 다음 주에 다음 달에

내년에 내후년에 제 손길이 갈 거예요
　전화 한번 넣을게요 소포가 갈 거예요 택배로 갈
거예요
　울먹이다가 링거 줄을 만나겠지요
　금식 팻말이 나붙겠지요
　내가 한 번도 해보지 못한 기도 소리가
　내 머리맡에서 들려오겠지요 끝내는
　머리맡 혼자 남아 제 온기만으로 서성이다가
　가랑비 만난 짚불처럼 잦아들겠지요
　검은 무릎을 진창에 접겠지요

　__이정록, 『의자』(313)에서

상황 그릇

내 품이
간장 종지에 불과한데

항아리에 담을 만큼의 축복이 생긴들
무엇으로 빨아들일까

넘치면 허공에라도 담아보자 싶어
종지에 추수한 복을 붓기 시작했다

붓고 또 붓다 보니
넘쳐흐르다가
깊고 넓은 가상 육체를 만든 양

이미 노쇠한 그릇인데도
상황에 따라 변하기 시작했다

뻔히 알면서도 모른 척
져줄 때의 형상이 가장

맛, 좋았다

허공에도
마음을 바쳐 머무르니
뿌리 깊은 그릇이 되어 눈부셨다

_박라연, 『빛의 사서함』(357)에서

레바논 감정

수박은 가게에 쌓여서도 익지요
익다 못해 늙지요
검은 줄무늬에 갇혀
수박은
속은 타서 붉고 씨는 검고
말은 안 하지요 결국 못 하지요
그걸
레바논 감정이라 할까 봐요

나귀가 수박을 싣고 갔어요
방울을 절렁이며 타클라마칸 사막 오아시스
백양나무 가로수 사이로 거긴 아직도
나귀가 교통수단이지요
시장엔 은반지 금반지 세공사들이
무언가 되고 싶어 엎드려 있지요

될 수 없는 무엇이 되고 싶어
그들은 거기서 나는 여기서 죽지요

그들은 거기서 살았고 나는 여기서 살았지요
살았던가요, 나? 사막에서?
레바논에서?

폭탄 구멍 뚫린 집들을 배경으로
베일 쓴 여자들이 지나가지요
퀭한 눈을 번득이며 오락가락 갈매기처럼
그게 바로 나였는지도 모르지요

내가 쓴 편지가 갈가리 찢겨져
답장 대신 돌아왔을 때
꿈만 같아서
그때는 현실이 아니라고 우겼는데
그것도 레바논 감정이라 할까요?

세상의 모든 애인은 옛 애인이 되지요*
옛 애인은 다 금의환향하고 옛애인은 번쩍이는 차

를 타고
　옛 애인은 레바논으로 가 왕이 되지요
　레바논으로 가 외국어로 떠들고 또 결혼을 하지요

　옛 애인은 아빠가 되고 옛 애인은 씨익 웃지요
　검은 입술에 하얀 이빨
　옛 애인들은 왜 죽지 않는 걸까요
　죽어도 왜 흐르지 않는 걸까요

사막 건너에서 바람처럼 불어오지요
잊을 만하면 바람은 구름을 불러 띄우지요
구름은 뜨고 구름은 흐르고 구름은 붉게 울지요
얼굴을 감싸쥐고 징징거리다
눈을 흘기고 결국

오늘은 종일 비가 왔어요
그걸 레바논 감정이라 할까 봐요
그걸 레바논 구름이라 할까 봐요

떴다 내리는
그걸 레바논이라 합시다 그럽시다
__최정례, 『레바논 감정』(318)에서

* 박정대의 시 「이 세상의 애인은 모두가 옛 애인이지요」에서

자미원 간다

내가 이 세상에 살아 있다는 것,
오늘 하루 이 시간 속에 놓여 있다는 것은
저 바위가 서 있는 것과 나무 의자가 놓여 있는 것과
무엇이 다를까

나를 태운 기차는 청령포 영월 탄부 연하 예미를 지나
자미원으로 간다
그 큰 별에 다다라서도 성에 차지 않는지
무한의 너머를 향해 증산 사북 고한 추전으로 또 달린다
명왕성 너머에까지 가려 한다

검은 탄광 지대에 펼쳐진 하늘,
태백선을 타면 원상결 같은 작자와 시대 미상의 천문서를 탐하지 않아도
자미원(紫薇垣)에 닿을 수 있다
탄광 속에는 백일흔 개의 별이 깊숙이 묻혀 있을

것이다

　그 별에 이르는 길은 송학 연당 청령포 영월 예미
……

　오늘 내가 이 자리에 있는 것,
　북두칠성과 자미원의 운행을 짚어보는 것은
　저 엄나무가 우뚝 서 있는 것과 새털구름이 지나는 것과
　무엇이 다른 것일까
　　__조용미, 『나의 별서에 핀 앵두나무는』(338)에서

보이저 1호가 우주에서 돌아오길 기다리며
— 왜 유가 아니라 무인가

어머니 전 혼자예요
오늘도 혼자이고 어제도 혼자였어요
공중을 혼자 떠도는 비눗방울처럼
무섭고 고독해요
나는 곧 터져버려 우주 곳곳에 흩어지겠지요
아무도 제 소멸을 슬퍼하지 않아요

어머니 전 혼자예요
오늘도 혼자이고 어제도 혼자였어요
고요히 솟아오르는 말불버섯 홀씨처럼
어둡고 축축해요
나는 곧 지구 부피의 여덟 배로 자랄 거예요
아무도 이 거대한 가벼움을 우려하지 않아요

여기에는 좁쌀 알만 한 빛도
쓰레기 같은 정신도 없어요
혼자 생각했어요
연기(緣起)가 없는 존재에 대해서

그리고 우연이야말로 우리가 믿는
단 하나의 운명이라는 것에 대해서

타이가의 호수에서 보았지요
안녕하세요? (하고) 긴 꼬리를 그으며
북반구의 하늘을 가로지르는 별똥별을
안녕? 나는 무사해
어둠이 내 유일한 인사였어요
이것이 내 유일한 빛이었어요

나의 우주에 겨울이 오고 있어요
나는 우주의 먼지로 사라져 다시
어느 별의 일부가 될 거예요
새로울
나의 우주는 아름다울까요?

혼자 생각해봐요
이 무한에 내릴 흰 눈에 대해서
소리도 없이,

소·리·도·없·이·내·리·는·흰·눈
에 대해서

어머니 전 혼자예요
혼자 밥을 먹고 혼자 울지요
나는 어디에 있나요?
내가 지금 있는 곳이 어딘지
누구에게든 알려주고 싶어요
모든 것이 사라진 다음에도
아름다움은 있을까요?

거기에, 거기에 고여 있을까요?
존재가 없는 연기처럼
검은 구멍처럼

어머니 전 혼자예요
쇠락하고 있지요

__함성호, 『키르티무카』(388)에서

천사가 지나간다

　가스통 바슐라르, 갓산 카나파니, 닉 케이브, 라시드 누그마노프, 마르셀 뒤샹, 미셸 우엘르베끄, 밥 딜런, 밥 말리, 백석, 블라디미르 마야콥스키, 빅또르 쪼이, 피에르 르베르디, 아네스 자우이, 악탄 압디칼리코프, 앤디 워홀, 에밀 쿠스트리차, 장 뤼크 고다르, 조르주 페렉, 지아 장 커, 짐 자무시, 체 게바라, 칼 마르크스, 톰 웨이츠, 트리스탕 차라, 파스칼 키냐르, 페르난두 페소아, 프랑수아즈 아르디, 프랑수아 트뤼포

　__박정대, 『삶이라는 직업』(392)에서

오리

오리가 쑤시고 다니는 호수를 보고 있었지.
오리는 뭉툭한 부리로 호수를 쑤시고 있었지.
호수의 몸속 건더기를 집어삼키고 있었지.
나는 당신 마음을 쑤시고 있었지.
나는 당신 마음 위에 떠 있었지.
꼬리를 흔들며 갈퀴손으로
당신 마음을 긁어내고 있었지.
당신 마음이 너무 깊고 넓게 퍼져
나는 가보지 않은 데 더 많고
내 눈은 어두워 보지 못했지.
나는 마음 밖으로 나와 볼일을 보고
꼬리를 흔들며 뒤뚱거리며
당신 마음 위에 뜨곤 했었지.
나는 당신 마음 위에서 자지 못하고
수많은 갈대 사이에 있었지.
갈대가 흔드는 칼을 보았지.
칼이 꺾이는 걸 보았지.
내 날개는

당신을 떠나는 데만 사용되었지.

___이윤학, 『그림자를 마신다』(308)에서

책상

책에는 두 번 다시 발을 담글 수 없어요
나는 책상에 강물을 올려놓고 그저 펼쳐 볼 뿐이에요
내 거처는 공간이 아니라 시간일 뿐

나는 어스름한 빛에 얼룩진 짧은 저녁을 좋아하고
책 모서리에 닿는 작은 바스락거림을 사랑하지요
예언적인 강풍이 창을 때리는 겨울엔
그 반향으로 페이지가 몇 장 넘어가지만
나는 벽에 부딪혀 텅 빈 방 안을 울리는 메아리의 말과
창밖 단풍나무 꼭대기에서 식사를 하고
매일 새롭게 달라지는 거처를 순간 속에 마련할 뿐

죽음이 뻔뻔하게 자신의 얼굴을 하나하나 벗기면서
안을 드러내는 밤중엔
여유롭게 횡단하지요, 나는 어둔 책 속에 발을 담그지 않아요

그저 책상에 흐르는 강물 끝에 손을 적실 수 있을 뿐

책상에 넘치는 강물 위로,
검은 눈의 처녀가 걸어 나오는 시각엔
바람의 냄새가 흘러내리는 머리카락 속에
얼굴을 묻고 대양을 꿈꾸지요

_박형준, 『생각날 때마다 울었다』(394)에서

풍경

뼈가 많고 살이 석은 말들이 서쪽을 달리고
그 개골(皆骨)의 풍광에 부는 바람이여
한참을 보아도 참 찬란하다

__양진건, 『귀한 매혹』(344)에서

영웅

오늘도 나는 낡은 오토바이에 철가방을 싣고
무서운 속도로 짜장면을 배달하지
왼쪽으로 기운 것은 오토바이가 아니라 나의 생이야
기운 것이 아니라 내 생이 왼쪽을 딛고 가는 거야
몸이 기운 쪽이 내 중심이야
기울지 않으면 중심도 없어
나는 오토바이를 허공 속으로 몰고 들어가기도 해
길을 구부렸다 폈다
길을 풀어줬다 끌어당겼다 하기도 해
오토바이는 내 길의 자궁이야
길은 자궁에 연결되어 있는 탯줄이야
그러니 탯줄을 놓치는 순간은 절대 없어

내 배후인 철가방은 안팎이 똑같은 은색이야
나는 삼류도 못 되는 정치판 같은 트릭은 쓰지 않아
겉과 속이 같은 단무지와 양파와 춘장을
철가방에 넣고 나는 달려
불에 오그라든 자국이 그대로 보이는

플라스틱 그릇에 담은 짜장면을
랩으로 밀봉하고 달려
검은 짜장이 덮고 있는 흰 면발이
불어 터지지 않을 시간 안에 달려
오토바이가 기울어도 짜장면이 한쪽으로
쏠리지 않는 것
그것이 내 생의 중력이야
아니 중력을 이탈한 내 생이야

표지판이 가리키는 곳은 모두 이곳이 아니야
이곳 너머야 이 시간 이후야
나는 표지판은 믿지 않아
달리는 속도의 시간은 지금 여기가 전부야
기우는 오토바이를 따라
길도 기울고 시간도 기울고 세상도 기울고
내 몸도 기울어
기울어진 내 몸만 믿는 나는
그래 절름발이야

삐딱한 내게 생이란 말은 너무 진지하지
내 한쪽 다리는 너무 길거나 너무 짧지
그래서 재미있지
삐딱해서 생이지 절름발이여서 간절하지
길이 없어 질주하지

달리는 오토바이에서 나도 가끔은 뒤를 돌아봐
착각은 하지 마 지나온 길을 확인하는 것이 아니야
나도 이유 없이 비장해지고 싶을 때가 있어
생이 비장해 보이지 않는다면
대단해 보이지 않는다면
어느 누가 온몸이 데는 생의 열망으로 타오르겠어
그러나 내가 비장해지는 그 순간
두 개의 닳고 닳은 오토바이 바퀴는 길에게
파도를 만들어주지
길의 뼈들은 일제히 솟구쳐오르지
길이 사라진 곳에서 나는
파도를 타고 삐딱한 내 생을 관통하지
__이원, 『세상에서 가장 가벼운 오토바이』(334)에서

아픔

계절을 잊은 눈비가
땀구멍마다 들어찬다
몸 안에 잠자던 운석이 눈을 뜬다
목탁 구멍 같은 뼈마디 사이로
이승이 밀려 나간다
구름들의 뒤 통로에
짓다 만 집 한 채 스스로 불탄다
마지막 입술이 한참 동안 떨린다
나부끼는 재(災)
누군가 텅 빈 문을 열고
타다 남은 햇살을 주워 담는다
뜻 없이 불러본 이름들이 마음보다 길게 늘어서
지나온 이승에서 즐겁게 눈물겹다
보이는 것들은 다 보이지 않는 것들이 된다
부를 수 없는 것들이 어느덧 새 이름을 얻는다
계절이 빠르게 바뀐다
숨을 쉬니 한 세상이 저만치
다른 상처에 다 닿았다

__ 강 정, 『키스』(353)에서

반가사유

다시 연애하게 되면 그땐
술집 여자하고나 눈 맞아야지
함석 간판 아래 쪼그려 앉아
빗물로 동그라미 그리는 여자와
어디로도 함부로 팔려 가지 않는 여자와
애인 생겨도 전화번호 바꾸지 않는 여자와
나이롱 커튼 같은 헝겊으로 원피스 차려입은 여자와
현실도 미래도 종말도 아무런 희망 아닌 여자와
외항선 타고 밀항한 남자 따위 기다리지 않는 여자와
가끔은 목욕 바구니 들고 조조 영화 보러 가는 여자와
비 오는 날 가면 문 닫아걸고
밤새 말없이 술 마셔주는 여자와
유행가라곤 심수봉밖에 모르는 여자와
취해도 울지 않는 여자와
왜냐고 묻지 않는 여자와
아,

다시 연애하게 되면 그땐
저문 술집 여자하고나 눈 맞아야지
사랑 같은 거 믿지 않는 여자와
그러나 꽃이 피면 꽃 피었다고
낮술 마시는 여자와
독하게 눈 맞아서
저물도록 몸 버려야지
돌아오지 말아야지

__류 근, 『상처적 체질』(375)에서

파리

꿈은 늘 제자리에서 맴돈다
적당한 거리와 시선이 만들어낸 착각에
세상은 떠 있다
밥상머리에 달라붙은 파리들은
한시도 가만 있지 않는다
자유로운 어둠을 뚫고 생겨난 생은 얼마나 매혹적
인가
파리채를 들고 가까이 가자
죽을 놈과 살 놈이 구별되지 않았다

__조인선, 『노래』(378)에서

이것은 사람이 할 말

늙은 여가수의 노래를 듣노니
사람 아닌 짐승의 발성을
암컷 아닌 수컷의 목울대를
역류하는 물살

늙은 여가수의 비린 목소리를 친친 감노니
잡초며 먼지덩이며 녹슨 못대가리를
애지중지 건사해온 폐허
온몸 거미줄로 영롱하노니

노래라기보다는 굴곡
노래라기보다는 무덤
빈혈 같은 비린내

관록만을 얻고 수줍음을 잃어버린
늙은 여가수의 목소리를 움켜쥐노니
부드럽고 미끄러운 물때

통곡을 목전에 둔 부음
태초부터 수억 년간 오차 없이 진행되었던
저녁 어스름

그래서 이것은 비로소 여자의 노래
그래서 이것은 비로소 사람이 할 말
그래서 이것은 우리를 대신하여 우리를 우노니

우리가 발견한 당신이라는
나인 것만 같은 객체에 대한 찬사

살면서 이미 죽어본 적 있었다던
노래를 노래하노니
어차피 헛헛했다며
일생이 섭섭하다며
그럴 줄 알았다며 그래서 어쩔 거냐며

늙은 여가수의 노래에 박자를 치노니

까악까악 까마귀

훌쩍훌쩍 뻐꾸기

__김소연, 『눈물이라는 뼈』(369)에서

꽃범벅

꽃 베던 아해가 키 높은 목련꽃 예닐곱 장 갖다가 민들레꽃 제비꽃 하얀 냉이꽃 한 바구니 모아다가 물 촉촉 묻혀서 울긋불긋 비벼서 꽃범벅, 둑에서 앓고 있는 백우(白牛)한테 내미니 독한 꽃내 눈 따가워 고개를 젓고

그 맛 좋은 칡순 때깔 나는 안들미 물오른 참쑥 키 크다란 미나리를 덩겅덩겅 뜯어서 파란 꽃떡 만들어서 쏘옥쏘옥 내미니

소가 히이— 우서서 받아먹어서 한 시루 두 시루 잘도 받아먹어서

아하, 햇살은 혓바닥이 무뎌질 만큼 따스웁더라

아해는 신기해서 눈물 나게 슬퍼서 하도 하늘 보며 초록웃음 웃고파서 붉게 피는 소가 못내 안타까워서 속털도 빗겨주고 눈도 닦아주고 얼굴만 하염없이 쓰다듬고 싶어서 깔끌한 혓바닥이 간지러워서

꽃과 같이 하르르 소에게 먹혔더라

이 봄에 꽃들이 너무도 쓸쓸해지면
곁불 쬐러 나온 나비가 겁먹은 왈츠를 춘다

소는 제 안만 디려다보고 아릿아릿 아려서 시냇같이 줄줄 눈물만 흘려서 발굽 차고 꼬릴 들어 훌~훌~ 치달려서 철쭉송화 우거진 산에 숨어서는 다시 돌아오지 않는데 아하, 앞산에 봄이 오자 꽃부텀 진다

　__서상영, 『꽃과 숨기장난』(317)에서

창문이 비추고 있는 것

창을 바라본다. 창문이 비추고 있는 것

이것이 누군가의 생각이라면 나는 그 생각이 무엇인지 모르는 채 누군가의 생각 속에 붙들려 있는 것이다.

내가 누군가의 생각이라면 나는 누군가의 생각을 질료화한다. 나는 그의 생각을 열고 나갈 수가 없다.

나는 한순간,
누군가의 꿈을 뚫고 들어선 것이다.

나는 그를 멈춘다.

커튼이 날아가버린다. 나는 내가 가까워서 놀란다. 나는 그의 생각을 돌려보려 하지만 동시에 그의 생각을 잠그고 있다. 나의 움직임 하나하나로

창문이 비추고 있는 것
지금 누군가의 생각이 찢어지고 있다.

__이수명, 『언제나 너무 많은 비들』(399)에서

당신의 텍스트 1
―사랑하는 당신께

당신의 텍스트는 나의 텍스트
나의 텍스트는 당신의 텍스트
당신의 텍스트는 텍스트의 나
나의 당신의 텍스트는 텍스트
나의 텍스트는 텍스트의 당신
텍스트의 당신은 텍스트의 나
당신의 나는 텍스트의 텍스트
텍스트의 나는 텍스트의 당신
당신의 나의 텍스트는 텍스트
나의 당신은 텍스트의 텍스트

_성기완, 『당신의 텍스트』(349)에서

꿈속의 생시

내가 이 해안에 있는 건
파도에 잠을 깬 수억 모래알 중 어느 한 알갱이가 나를 기억해냈기 때문이다
갑자기 나타난 듯 발자국은 보이지 않고
점점 선명해지는 수평선의 아련한 일몰
언젠가 여기 와봤던가 그 후로도 내게 생이 있었던가

내가 이 산길을 더듬어 오르는 건
흐드러진 저 유채꽃 어느 수줍은 처녀 같은 꽃술이 내 꿈을 꾸고 있기 때문이다
나는 처녀지를 밟는다
꿈에서 추방된 자들의 행렬이 산 아래로 보이기 시작한다 문득
한적한 벤치에 앉아 졸고 있는 나를 발견한다

바다는 계속해서 태양을 삼킨다
하루에도 밤은 두 번 올 수 있다

그리하여 몇 번이고 나는 생의 지층에 켜켜이 묻혔
다 불려 나온다

　　_윤의섭, 『붉은 달은 미친 듯이 궤도를 돈다』(307)에서

아프리카 식 인사법

계단들은 차분하게
중력의 이미지를 보여주었다

우리는 자꾸 높은 곳으로
또 낮은 곳으로
이동했다
리듬이 없었다

그해 겨울에도 전철 노선도는 더 복잡해지고
우리는 우리도 모르는 사이에 조금씩 더
지하에서 시간을 보냈지만

신문들은 매일 검고 두터운 헤드라인을 필요로 하고
각자 혼자가 되어 우리는
흰 빨래들이 흔들리는 옥상에서
멀리 지나가는 일요일을 바라보았지

그러니까 이제 더 가벼운 것에 대해 생각해보자

대기권을 향해 전속력으로 상승하는
　　풍선의 사랑과
　　너무 말이 없었던 하루
　　그리고 아프리카 식 인사법 같은 것

　　나는 매일 다섯 살짜리 여자아이처럼 두려워지고
　　나는 내가 말할 수 없는 것들을 말하는 이들을 사랑하고
　　나는 흩어지는 연기를 한 시간 동안 바라볼 수 있다

　　계단을 올라가다가
　　계단을 내려가다가
　　나는 너를 만나고
　　우리는 아프리카 식으로
　　안녕,
　　하고 인사를,
　　우리는 그렇게 코를 맞대고

　　__이장욱, 『정오의 희망곡』(315)에서

나무를 지나서

어머니 오늘 오후 늦게
한 청년이 나무에 와서,
한참을 바라보다 갔습니다

나무는 이제 세상에 없는
청년의 반짝이는 맨발을
바라봅니다

어머니가 누워서 키우신 나무
제가 누워 온종일 보는 나무에는
검고 가벼운 집이 몇 채 겨울과
나무를 적시는 새의 자장가
언제나 떨어질 자세로 빛나는
휘어진 뼈들

어머니 오늘 오후 늦게
한 청년이 나무에 와서,
한참을 바라보고 있었습니다

_임선기, 『호주머니 속의 시』(326)에서

적도

삼십팔 도
내 체온과 같은
공기 속에서
몸 안의 물방울들이 고개를 내민다
마른 땅
말라가는 씨앗들이 비를 기다린다
      목구멍이 갈라져간다
몸 안의 물방울들 서서히
공기 속으로 스며들고
내 몸은 빈자리를 채울 뭔가에 어수선하다
      뜨거운 바람 속에 떠오르는 물방울들이
      끊어지지 않는 비명을 지른다
      기쁨인지 고통인지
      햇빛이 너무 밝아 난 알 수가 없다
물방울이 떠나버린 땅은
빼곡한 모래알들로 퍼석거린다
질퍽거리던 그제는 너무 엉겼고
오늘은 또 너무 가볍게 떠도는 것들

밝게 타는 태양 아래서
내 몸은 더 빛나는데
들고 나는 물방울과 또 공기 방울과
가슴속의 무언가 모를 온갖 방울들이
늘 만나고 또 만나는데
내 몸보다 이 공기가 더 뜨거운 것도 아닌데
몸은 점점 더 뜨거워진다

__연왕모, 『비탈의 사과』(381)에서

그맘때에는

하늘에 잠자리가 사라졌다

빈손이다

하루를 만지작만지작하였다

두 눈을 살며시 또 떠보았다

빈손이로다

완고한 비석 옆을 지나가보았다

무른 나는 금강(金剛)이라는 말을 모른다

그맘때가 올 것이다, 잠자리가 하늘에서 사라지듯

그맘때에는 나도 이곳서 사르르 풀려날 것이니

어디로 갔을까

여름 우레를 따라갔을까

여름 우레를 따라갔을까

후드득후드득 풀잎에 내려앉던 그들은

__문태준, 『가재미』(320)에서

인중을 긁적거리며

내가 아직 태어나지 않았을 때,
천사가 엄마 배 속의 나를 방문하고는 말했다.
네가 거쳐온 모든 전생에 들었던
뱃사람의 울음과 이방인의 탄식일랑 잊으렴.
너의 인생은 아주 보잘것없는 존재부터 시작해야 해.
말을 끝낸 천사는 쉿, 하고 내 입술을 지그시 눌렀고
그때 내 입술 위에 인중이 생겼다.*

태어난 이래 나는 줄곧 잊고 있었다.
뱃사람의 울음, 이방인의 탄식,
내가 나인 이유, 내가 그들에게 이끌리는 이유,
무엇보다 내가 그녀를 사랑하는 이유,
그 모든 것을 잊고서
어쩌다 보니 나는 나이고
그들은 나의 친구이고
그녀는 나의 여인일 뿐이라고
어쩌다 보니 그렇게 된 것뿐이라고 믿어왔다.

태어난 이래 나는 줄곧
어쩌다 보니,로 시작해서 어쩌다 보니,로 이어지는
보잘것없는 인생을 살았다. 그러나
어떻게 하면 깨달을 수 있을까?
　태어날 때 나는 이미 망각에 한 번 굴복한 채 태어났다는
　사실을, 영혼 위에 생긴 주름이
　자신의 늙음이 아니라 타인의 슬픔 탓이라는
　사실을, 가끔 인중이 간지러운 것은
　천사가 차가운 손가락을 입술로부터 거두기 때문이라는
　사실을, 모든 삶에는 원인과 결과가 있고
　태어난 이상 그 강철 같은 법칙들과
　죽을 때까지 싸워야 한다는 사실을.

　나는 어쩌다 보니 살게 된 것이 아니다.
　나는 어쩌다 보니 쓰게 된 것이 아니다.
　나는 어쩌다 보니 사랑하게 된 것이 아니다.

이 사실을 나는 홀로 깨달을 수 없다.
언제나 누군가와 함께……

추락하는 나의 친구들:
옛 연인이 살던 집 담장을 뛰어넘다 다친 친구.
옛 동지와 함께 첨탑에 올랐다 떨어져 다친 친구.
그들의 붉은 피가 내 손에 닿으면 검은 물이 되고
그 검은 물은 내 손톱 끝을 적시고
그때 나는 불현듯 영감이 떠올랐다는 듯
인중을 긁적거리며
그들의 슬픔을 손가락의 삶-쓰기로 옮겨 온다.

내가 사랑하는 여인:
3일, 5일, 6일, 9일……
달력에 사랑의 날짜를 빼곡히 채우는 여인.
오전을 서둘러 끝내고 정오를 넘어 오후를 향해
내 그림자를 길게 끌어당기는 여인. 그녀를 사랑하기에

내가 누구인지 모르는 죽음,

기억 없는 죽음, 무의미한 죽음,

내가 가장 두려워하는 죽음일랑 잊고서

인중을 긁적거리며

제발 나와 함께 영원히 살아요,

전생에서 후생에 이르기까지

단 한 번뿐인 청혼을 한다.

_심보선, 『눈앞에 없는 사람』(397)에서

* 『탈무드』에 따르면 천사들은 자궁 속의 아기를 방문해 지혜를 가르치고 아기가 태어나기 직전에 그 모든 것을 잊게 하기 위해 쉿, 하고 손가락을 아기의 윗입술과 코 사이에 얹는데, 그로 인해 인중이 생겨난다고 한다.

사과나무

 사과나무를 사야겠다고 나서는 길에 화들짝 놀란다 어디에 심을지 아니면 어디에 기대 놓을지를 생각하다 혹 마음에 묻으려고 하는 건 아니냐고 묻는다 이 엄동설한에 사과나무는 뭐하게요 없다고 말하는 화원의 사내는 사과나무 허리 같은 난로를 껴안고 있다

 나에게 혹 웅덩이를 파고 싶은 건 아니냐고 되묻는다 그 웅덩이에다 세상 모든 알들을 데려다 버리고 욕 묻은 손들을 데려다 숨기면서 조금 나아지려는 게 아니냐며 나는 난로 대신 두툼한 머리 언저리를 감싼다

 사과나무를 사려했던 것은 세상 모든 물체가 서로를 끌어당기고 있다는 만유인력을 보고자 했던 것이므로 누군가 만유인력을 알아차렸다는 그 자리로 간다 사력을 다해 간다

 숲과 대문, 그 사이에 사과나무가 자라고 있었다 누구나 저 사과나무한테 빚진 게 있다 어디 먼 데서

오는 길이냐고 물어오지도 않고 낙과들을 지키고 서 있는 나무는 장엄하였다 그 나무 아래 누군가가 내려놓은 수많은 가방들이 있었다 누구나 들여놓아야 할 가방이 있다

문득 누군가 만유인력을 알아차렸다는 그 나무 밑에 함부로 혼자 있고 싶은 것은 다 그런 이유 때문

__이병률, 『찬란』(373)에서

나를 닮은 얼굴들

질펀한 산림과 메마른 사막의 드넓은 경계
멀리 눈 덮인 거대한 알타이산맥 아래 초원
열려 있으나 올곧고 막힘없으나 여유로운 길
소 떼들 양 떼들이 먼지 풀썩이는 열린 평원
가랑비 내린 후 물감을 풀은 듯 푸른 기운 번지다

혹독한 계절을 타고 풀과 물을 따라 유목하는
길 위의 사람들에게 아득한 시절의 내가 있다
말을 타고 건넌 초원과 사막과 호수와 강의 기억들
카스피해와 시베리아설원
카자흐초원과 알타이산맥
몽골사막과 대흥안령 그리고
아무르강 송화강을 품은
북방 대륙을 가로질러온
나를 닮은 검은 얼굴들이 있다

가없는 대륙에 맨 처음 길을 연
영혼이 자유로운 사람들

_곽효환, 『지도에 없는 집』(379)에서

미루나무

바람 불어 길게 휘어지는 미루나무,
허리 아래까지 흔들리며
허공의 화선지 깊이 눌러 써대는 저 필력(筆力)

아무리 휘갈겨 써본들
아무리 파지를 낸들
하늘엔 기러기 떼 지나간 흔적도 남지 않는다

태풍이 와 허리가 꺾이고
사철 붓을 쥔 흙의 손아귀 힘이 빠질 때
초록에 단풍을 묻힌 것도 한 필법인가

죽은 미루나무 붓을 씻는 늦가을 저녁비,
초록의 붓털에서
쓰르라미 소리 쏟아지는 여름날이
삭정이 붓털로 빠져 근심하던
까치는 다시 제 집에 꽂아 쓰자고 물어 올리고

마른 우듬지 위에 흰 눈이 묻어온다
허공에선 죽은 나무의 운필이 너무 고요하다
모지라진 미루나무 독필(禿筆)은 불쏘시개로 쪼개진 뒤
아궁이 속 불길로 휘갈겨지는 초서체(草書體)들

지붕에 꽂힌 굴뚝 필봉(筆鋒)에 연기의 필체가 흐리다

__유종인, 『교우록』(303)에서

내 몸속에 잠든 이 누구신가

그대가 밀어 올린 꽃줄기 끝에서
그대가 피는 것인데
왜 내가 이다지도 떨리는지

그대가 피어 그대 몸속으로
꽃벌 한 마리 날아든 것인데
왜 내가 이다지도 아득한지
왜 내 몸이 이리도 뜨거운지

그대가 꽃 피는 것이
처음부터 내 일이었다는 듯이.

__김선우, 『내 몸속에 잠든 이 누구신가』(335)에서

물속의 돌

호수 물을 가만히 들여다보니
물속의 얼굴은 나의 얼굴
오랜 여행에 검게 그을린 나의 얼굴
피곤과 외로움 속에서
더욱 분명해진 나의 얼굴
그러나 사방에서 나타난 물고기들
얼굴을 쪼고 사방으로 흩어지고
호수를 치는 한 줄기 바람에
얼굴은 기우뚱 나였다가
내가 아니었다가
물 밑에 일렁이는 낯선 여자였다가
바람에 꺾여 떨어지는 한 나뭇잎이었다가
쫑긋 그걸 쪼아대는 한 마리 물고기였다가
이내 얼굴은 온데간데없고
일렁이는
일렁이는
깊은 물속의 돌

── 중국, 주지이거우

_이철성, 『비파 소년이 사라진 거리』(363)에서

앵두가 뒹굴면

잎 뒤 숨어 있는 사연들

일러바칠 곳 없는 동네

우물가 집 뒤란의 누나 방에

굴러다니는 피임약이여, 그걸

영양제로 주워 먹고 건강한 오늘날이여

__김영남, 『가을 파로호』(387) 에서

거울 속의 눈사람

눈사람은 녹는다
어떤 눈사람은 기억 속에서
녹지 않는 박제가 되기도 하지만
이 눈사람은 겨울에만 머무르는 건축물이다

이 눈사람은 케이크처럼 부드럽다
이 눈사람은 케이크처럼 부드럽지 않다
이 눈사람은 달콤하지 않다

이 눈사람은 커다란 거품이다
겨울 햇살이 눈사람을 핥으면
눈사람은 점점 가벼워진다
눈사람을 깊이 사랑하면 눈사람은 조금씩 죽어간다

이 눈사람은 몸에서 눈물이 난다
눈사람은 거품이거나 눈물이거나 겨울 햇살이다

나는 일그러진 얼룩들을 갖고 있는

눈사람일지도 모른다
너는 피를 흘리며
너의 관념들을 서서히 지울 것이다

　이경임, 『겨울 숲으로 몇 발자국 더』(398)에서

빈 화분

베란다에 빈 화분이 하나
오래전부터 놓여 있다

언젠가 분재에 열중인 사람에게
어린나무를 너무 학대하는 거 아니냐고 넌지시 묻자
화분에 옮겨진 자체가 모든 식물의 비극 아니겠냐고
심드렁하게 대꾸했다

빈 화분
그동안 실어 나른 목숨이 몇이었는지 모르지만
생각하면 나를 옮겨 담은 화분도 아득하다
빠져나오려고 몸부림쳤던
가족, 학교, 군대, 사랑, 일터, 오 대~ 한민국!
결국엔 우리 모두 지구 위에 심어졌다는 생각

목숨 붙은 걸 함부로 맡는 법 아니라는데
어찌하여 우리는
겁도 없이 생을 물려받고 또 물려주는지

빈 화분
그 오랜 공명이 아직
씨 뿌리지 못한
빈 몸을 울리고 지나간다

어찌하여 화분은
화분이 되었는지

_김점용, 『메롱메롱 은주』(383)에서

기록 보관소
―A구역

방명록

내게는 인명 색인으로만 된 책이 한 권 있지
어떤 이는 모자라고 말하고
다른 이는 헐거운 구두라고 말하는 것은
그들이 급히 이곳을 떠났기 때문

The water is wide[*]

 물에도 입술이 있다고 하겠다 모른 척 댔다가 서둘러 뗀 자리가 있다고 말하겠다 뜯어낸 물 위에 떠내려가는 살점이 있다고, 허기가 만들어낸 그림이라고 하겠다 서둘러 쓴 구절들 위로 엎지른 강물이라고 하겠다 너무 넓어서 미처 건널 수 없는, 너무 건너서 돌아올 수도 없는

트렁크

 어떤 낙차는 트렁크 던지는 소리가 난다 호기심이 너무 뚱뚱한 탓이다 어미의 생문을 열고 나갈까 말까 망설이는 아이처럼, 두 걸음 뗐을 뿐인데 뒤에서 닫

흰 문처럼, 그 문의 반동처럼 저기, 뒤뚱거리며

계근장을 피해 돌아가는 과적 차량

뒷모습
얼굴을 기댈 수 없다면 그곳이 등이다
기대자마자 서둘러 넘어졌다면 그가 구두끈을 맨 것이다
계란 프라이처럼 그는 뜨거운 곳만 밟았다
이미 익었으므로 새벽닭이 울기는 틀렸다
케이크는 생일이 아니라 제 몸에 꽂은 초의 개수를 기억한다
어수선한 그의 발자국은 촛농들의 몫이다
뚝뚝 떨어지며 한때 제 몸을 지졌던

_권혁웅, 『소문들』(384)에서

* Karla Bonoff의 노래.

환(幻)

  애들아, 나는 푸른 유리의 눈알을 끼우고 뺨에는 붉은 연지 그리고 손가락을 빨면서 인형극을 구경하는 여자. 더러운 부엌에서 설거지를 하면서 나는 오래전 밤의 금강석을 훔친 도둑을 기억하지. 어두운 정원을 지나 담장 너머 환한 극장에 살금살금 다가가지. 낡은 속옷에 덮인 악몽에선 달콤한 구름이 피어오르고, 어쩌면 나는 흰 베일을 쓴 신부 오오, 숨이 막히는

  자정이 지나면 애들아, 너흰 한꺼번에 서른 살을 먹어버리고 인형극의 여자 따윈 기억하지도 못하지. 나는 뚝뚝 끊어진 이야기를 꿰매며 기다린단다. 잿빛 머리카락엔 실밥이 흩날리고, 검은 방의 촛불 아래 쭈그리고 있는 나를 발견하면 애들아, 따뜻한 손을 내밀어주렴, 꺼질 듯 흔들리며 나는 오래 기다리고 있잖니. 푸른 유리의 눈알은 흩어지고 얼어붙은 뺨으로 거리를 헤매지만 오늘 밤 아무도 내 눈물을 훔치지 않지.

  _이기성, 『타일의 모든 것』(385)에서

지구의 끝

건조한 기억은 열매와 같았다.

나는 나에게서
그것이 뚝 뚝
떨어지는 소리를 들었다.

수소를 채운 것처럼
머리가 가벼워지고 있었다.

    *

내 목을 꼭 움켜잡았다.

나는 지구를 떠날 수는 없었다.

목성에서 물이 떨어지는 속도
이름 없는 혹성에 대한 자유 연구
그런 것은 나에게

어울리지 않는다.

나는 상상력이 너무 빈곤해서
손가락을 잘라도 가루가 날릴 것이다.

어떤 물에도 녹지 않을 것이다.

  *

나는 그림자만 키가 크다.

그림자에게는
비가 오고
어제도 있다.

내가 목을 움켜잡고 있는 동안
따로 또 같이.

 __신해욱,『생물성』(365)에서

해변의 얼굴

얼굴로부터 넘친 얼굴,
나는 당신이 모르는 표정을 짓지만

내 얼굴엔 무언가 빠진 게 있을 거야.

코로부터 넘친 코, 코에서 코까지 앞만 보고 달려가면 결국 코가 없고
귀로부터 넘친 귀, 귀에서 귀까지 귀를 막고 뛰어가면 세상은 온통 귓속 같고
입을 꽉 다물면 이빨은 자라지 않고, 편도선은 부풀지 않는가. 거품은 일지 않는가.

사진 속의 파도처럼 내 혀는 꼬부라져 있네.
얼굴을 침실처럼 꾸미고, 커튼을 내리고, 나는 혀를 달래서 눕히네. 나는 사탕 같은 어둠을 깔고

나는 당신이 모르는 표정을 짓지만
내 얼굴엔 무언가 남아도는 게 있을 거야.

여관 여주인처럼 자다 깨어, 자다… 열쇠를 건네네.
빈방 같은 눈동자
소파 같은 입술
그리고 샤워기 밑에서 50분 동안 비 맞고 서서

얼굴로부터 넘치는 저 얼굴,
닮은 얼굴을 하고 비를 피하네.

얼굴을 차양같이 꾸미고
그리고 오늘은 얼굴을 베란다같이, 해변같이, 모래알같이 꾸미고

__김행숙, 『이별의 능력』(336)에서

피 속을 달린다

 피 속을 달린다 세 마리의 꽃이 대가리를 물고기처럼 꼿꼿이 세우고
 피 속을 전속력으로 미끄러지는 생각을
 얽히는 지느러미를 더 단단히 잡아매고 피 속을 달린다
 소녀가 바다를 들고 있는 곳까지 내가
 소녀에게서 모래를 낳을 때까지 꽃들은 달린다 피 속을 더 힘차게
 꽃들의 대가리가 비늘처럼 한풀 한풀 벗겨진다
 바람이 후려치는 주먹을 다 맞으면서 세 마리의 꽃이 수천 마리의 꽃들이 될 때까지
 찢어지고 피어나고 꽃들의 군단이 되어
 피를 숨결처럼 휘날리며 온통 허공이 핏빛이 될 때까지 질척질척한
 피의 진창을 외다리로 짓밟으며 피 속을 달린다
 바다는 돌처럼 무겁고 소녀는 어머니처럼 무섭다 피를 흘리는 건
 내 눈이다 내 눈 속에서 흘러나오는

피 속을, 소녀에서 처녀가 터져 나올 때까지
약속에서 꽃들의 이빨이 터져 나올 때까지
피가 피로 어두워질 때까지

__최치언, 『어떤 선물은 피를 요구한다』(382)에서

젖이라는 이름의 좆

네게 좆이 있다면
내겐 젖이 있다
그러니 과시하지 마라
유치하다면
시작은 다 너로부터 비롯함일지니

어쨌거나 우리 쥐면 한 손이라는 공통점
어쨌거나 우리 빨면 한 입이라는 공통점
어쨌거나 우리 썰면 한 접시라는 공통점

(아, 난 유방암으로 한쪽 가슴을 도려냈다고!
이 지극한 공평, 이 아찔한 안도)

섹스를 나눈 뒤
등을 맞대고 잠든 우리
저마다의 심장을 향해 도넛처럼,
완전 도-우-넛처럼 잔뜩 오그라들 때
거기 침대 위에 큼지막하게 던져진

두 짝의 가슴이,

두 쪽의 불알이,

어머 착해

_김민정,『그녀가 처음, 느끼기 시작했다』(370)에서

가위놀이

　모자를 벗다가 핑킹가위로 앞머리를 자릅니다 책을 읽다가도 거울 앞으로 달려갑니다 두 눈을 할퀴는 앞머리를 자릅니다 잠을 자면서도 꿈을 할퀴는 앞머리를 자릅니다 휴지통에 싹둑 화단에 싹둑 일요일엔 거울을 삽니다 협탁 위에 변기 위에 거울을 매답니다 서랍 속에 거울 속에도 거울을 매답니다 망치가 망가지면 다리를 잘라 종횡무진 두들깁니다 쿵쿵 쾅쾅 옆집에서 달려옵니다 이봐요 똑똑 건물을 무너뜨릴 작정인가요 유리거울 청동거울 손거울 백미러를 모조리 가져갑니다 꿈속의 잠망경까지 빼앗긴 나는 깜깜하게 가위에 눌립니다 벽에 남겨진 흉측한 못들을 호시탐탐 빼냅니다 모자를 쓰다가 생각난 듯 못을 빼냅니다 책을 꽂다가도 벽에 매달려 못을 빼냅니다 잠옷을 입다가도 물구나무서서 지하의 못들을 빼냅니다 앞머리가 다시 이마를 지우고 두 눈을 후빕니다 붉은 혈루가 창턱을 타고 골목을 적십니다 달빛 아래 폴카를 추던 사람들이 달려옵니다 그대여 싹둑 눈을 감아요 싹둑 눈을 떠요 싹둑 나풀나풀 찢어진 눈을 깜박거리며 나는 화단에 발을 묻고 전지가위로 앞머리를 자릅니다 아침을 꾸역꾸역 입에 넣다가도 딱딱하게 굳은 배꼽을 만지다가도 우두커니 양철가위로 앞머리를 자릅니다 꿈꾸는 밤마다 가위에 눌리지 않으려고 불철주야 이마를 가위에 눌리며 싹둑싹둑 거울 없이 거울도 없이 나풀나풀 앞머리 없이 앞머리도 없이

__이민하, 『음악처럼 스캔들처럼』(347)에서

휘파람새

휘파람새가 왔다
휘파람새는 휘파람새에게 의지하고 있었다
휘파람새가 왔다
휘파람새는 휘파람새에게 의지하고 있었다
휘파람새가 왔다 휘파람새는
휘파람새에 의지하여
회양목에서 목련 쪽으로
목련에서 왕벚나무 쪽으로
왕벚나무에서 계수나무 쪽으로
계수나무에서 느릅나무 쪽으로
느릅나무에서 떡갈나무 쪽으로
떡갈나무에서 자귀나무 쪽으로
자귀나무에서 후박나무 쪽으로
후박나무에서 뽕나무 쪽으로
뽕나무에서 상수리나무 쪽으로
상수리나무에서 은행나무 쪽으로
은행나무에서 사시나무 쪽으로
사시나무에서 버즘나무 쪽으로

버즘나무에서 아까시나무 쪽으로
아까시나무에서 명자나무 쪽으로
명자나무에서 박태기나무 쪽으로
돌고래처럼 날아갔다
휘파람새는
휘파람새에게 의지하고 있었다
휘파람새가 왔다

―이준규, 『토마토가 익어가는 계절』(386)에서

친애하는 비트겐슈타인 선생께

별빛이 젊은 예술가의 이마 위에
어둠의 긴 자루에서 빠져 날아오는 낫같이 찍힌 후
더 깊은 심연으로 되돌아가는 밤입니다
로댕 씨의 작업장은 아주 넓고 아름답습니다
저는 지르던 비명을 완성하기 위해 차례를 기다리는 석고상이나 팔다리 없이 영원을 향해 애무의 몸짓을 던지려는 청동 토르소 사이를 거닐고 흰 라일락의 턴테이블에서 밤공기의 검고 낡은 음반이 돌아가며 흘리는 향기를 맡습니다. 타블로이드판 신문냄새, 새로 깐 파리대로의 타르냄새, 노동자들의 오래된 가죽 장화냄새가 소음처럼 뒤섞이는 곳에서 저는 이곳 주인장의 명성과 그가 만든 조각들의 탄생과 죽음을 써야 합니다. 모든 사람의 혀에 익숙한 맛이 아니라면 파리에 계속 머물기는 힘들겠지요. 이 고요하고도 소란한 저녁 무렵 친애하는 선생 재단 사무원의 갑작스런 전화에 저는 이런저런 상념에서 깨어났습니다. 선생께서 약속하신 금화 천 크로네를 받을 수 있는 몇몇 작가로 물망에 올랐음을 전하고 과거 다른 독지가로부터 지원을 받은 적이 있는지 물었습니다. 저는 한없이 망설이면서 그것이 무척 소액의 지원이었다는 사실과 아마도 구약처럼 먼 시대에 일어난 일이었다는 사실을 알렸습니다. 그가 조금 어리석은 사람이었다면 제 목소리와, 회색 털 빠진 개의 간절한 눈빛으로 고리지어져 흔들리는 녹슨 사슬 소리를 혼동할 수도 있었을 테지만 사실상 저로 말씀드리자면 금화 따위에는…… 저녁마다 뜰 앞의 작은 돌들을 뒤집어 축축한 달의 뒤편을 어루만지는 저로서는…… 신시집과…… 빈의 끝없이 이어지는 니힐한 골목들만이 저의 텅 빈 심장속에…… 그러나 선생님, 참고로 말씀드리자면 제게는 아내와 딸아이가 하나 있고……

   존경과 감사를 담……
    라이너 마리아 릴……*

__진은영, 『우리는 매일매일』(351)에서

* 릴케가 파리 근처 뫼동에 있는 로댕 작업장에서 지내던 시절 그의 영수증 묶음 사이에서 발견된 편지.

내리막길의 푸른 습기

밤이 산책을 제안했다
소용돌이 같은 검은 웅덩이에 바늘이 내려졌다
나는 부름에 응답했다
가지마다 전구를 감아 빛나는 호텔 정원수들과
치과 의원 건물을 뒤로하고
즐비한 저택들 사이를 내려갔다
처음 오는 택시 기사들이 놀라거나 분노하는 길을
그들은 대개 이곳에 누가 사는가를 물었고
나는 대답하지 않았다
외교관저 의경들은 아그리파 두상의 표정을 가졌다
밖으로 나오거나 집 안으로 들어가는 사람은 보이지 않았다
바람을 타고 샴푸 냄새가 다가왔다
가끔 자동차가 망설이며 질주했다
갈림길에는 눅눅하고 서늘한 빈집이 있었다
그곳은 이십 년 동안 아무도 살지 않았다
저택의 노란 불빛에 빈집의 푸른 암흑에
다리는 침대를 찾아 흔들렸다

경비 초소는 모퉁이마다 있었지만 경비원은 보이지 않았다
이정표처럼 환한 소음과 반짝이는 간판들이 나타났다
소방서가 모습을 드러냈다
그 거리는 언제나 밤을 거세하며 흘러갔다
나는 잠 속에서 다른 길이 될 수 없었고
꿈꾸는 동안 나이를 먹었다

__이승원, 『어둠과 설탕』(314)에서

새떼를 베끼다

새떼가 오가는 철이라고 쓴다 새떼 하나는 날아오르고 새떼 하나는 날아간다고, 거기가 공중이다,라고 쓴다

두 새떼가 마주 보고 날아서, 곧장 맞부닥뜨려서, 부리를, 이마를, 가슴뼈를, 죽지를, 부딪친다고 쓴다

맞부딪친 새들끼리 관통해서 새가 새에게 뚫린다고 쓴다

새떼는 새떼끼리 관통한다고 쓴다 이미 뚫고 나갔다고, 날아가는 새떼끼리는 서로 돌아다본다고 쓴다

새도 새떼도 고스란하다고, 구멍 난 새 한 마리 없고, 살점 하나, 잔뼈 한 조각, 날갯깃 한 개, 떨어지지 않았다고 쓴다

공중에서는 새의 몸이 빈다고, 새떼도 큰 몸이 빈

다고, 새떼도 큰 몸이 빈다고, 빈 몸들끼리 뚫렸다고, 그러므로 공중(空中)이다, 라고 쓴다

__위선환, 『새떼를 베끼다』(329)에서

푸른 수염의 마지막 여자

 내 열쇠는 피를 흘립니다 내 사전도 피를 흘립니다 내 수염도 피를 흘리고 저절로 충치가 빠졌습니다 내 목소리는 굵어지고 주름도 굵어지고 책상 서랍의 쥐 꼬리는 사라졌습니다 소문대로 난 일 년의 절반을 지하실과 지상에서 공평하게 떠돕니다

 나의 눈에서 물이 흐릅니다 한쪽 눈알은 말라빠졌습니다 두 다리의 무릎까지만 털이 수북합니다 음부의 반쪽에선 피가 나오고 오른쪽 사타구니엔 정액이 흘러내립니다 백 년에 한 번 있는 일입니다만

 하하하 농담 그냥 여자도 남자도 아니고 죽은 것도 산 것도 아니라는 말을 요즘 유행하는 환상적 어투로 지껄인 겁니다 말도 하기 귀찮다는 예 바로 그 말이죠

 자자 내게 제모기와 쥐덫은 그만 보내시고요 이가 들끓는 가발도 처치 곤란입니다 도려서 얹어놓은 과일들 이 모든 쓰레기는 충분해요 머리맡에 양초든 향

이든 피우지 마세요 죽겠네 정말 꽃 무더기 따위 묶어오지 말라니까요

죽은 장미가 그랬죠 너는 아름답구나

지금은 뼈만 남은 늙은이와 놀다 쉬는 참입니다 매일 한두 명과 그러고 그러지만 어떤 날은 여자애들이 한꺼번에 들이닥쳐 정신이 나갑니다 공동묘지로 허가 났나요 전기가 끊어지고 수도관이 막힌 지도 한참 됐어요 하긴 정신 차린다는 말의 뜻도 모르지만 제발 축언은 닥치고요 축복도 그만 좀 주세요

지하실엔 매달 공간이 없답니다 정원에도 파묻을 자리가 없구요 누군 나더러 불러들였다는데 제 발로 찾아와 발가벗는데 난들 별수 있나요 공평하게 대할 수밖에

내게 없는 걸로 주세요 가령 고통이니 절망 허무랄

까 뭐 한 번도 경험하지 못한 사전에만 있는 그 말뜻이 통하게요 안 될까요 그럼 견딜 수 없을 것 같은 흔해빠진 문구를 써먹을 수 있는 상황이랄까 혹은 질투라는 단어에 적합한 대상을 보내주세요

누가 봤을까요 나도 날 못 봤는데
그러나 나는 아름다워요

_김이듬, 『명랑하라 팜 파탈』(340)에서

오후 여섯 시에 나는 가장 길어진다

옥상에 앉아 있던 태양이
1층 유리창으로 내려온다
유리 속을 걷는 구두는 반짝인다

귀가 접힌 어떤 사람들은
계단을 밟고 지하로 내려간다
계단으로는 지상에 없는 음악이 올라온다

작품은 지상에 걸리지 않는다

나의 아름다운 바지는 다리가 하나이다
지퍼 하나, 주머니는 넷

오후 여섯 시에 나는 가장 길어진다

하체가 지하로 빠진 골목은
골반에서 화분을 키운다
지상에 없는 향기가 흙에 덮여 있다

나는 천천히 걸어 여섯 시 꽃에 닿는다
닫히는 문에 손을 찧으며
여섯 시 꽃으로 들어가 여섯 시 꽃에서 나온다

길가에서 아이들이
발끝을 비벼 머리를 지우는 장난을 한다
머리를 지운 아이들은 사라진다

멀리 떨어진 머리를 지우러
나는 길어진 내 그림자 위를 걸어간다

귀가 지하에 잠겨 있을
내 그림자 끝으로

　__신영배, 『오후 여섯 시에 나는 가장 길어진다』(364)에서

적기(赤記)

다스려지는 자의 눈빛으로
적들의 피를 바라보듯 햇빛 너머를 응시한다
죽은 그를 빨아올려 허공에 뱉어낸
나무의 적의를 나는 알 것 같다
젖어 있는 나무의 뿌리를
그를 휘감은 검은 핏줄의 악력을

아버지의 목덜미를 깨물듯 나무에 이를 박는다
단풍의 아가리에 머리를 쑤셔 박는다
그가 나를 사랑한 후에 쏟은 피
빨아 먹힌 후 그 몸은 빈 자루에 불과할 것이다

 목 매달린 죄인처럼 바람결에 흔들리면서
 확산되는 피의 영역에 갇혀 나는 처단되기를 기다
린다

 나의 눈구멍으로
 모든 것이 빨려든다

거기 고요가 점화된다

붉은 고요에 감염되어 아버지를 기다리며
석양 속에서 나는 존다 빠르게 잊혀지기를 꿈꾼다
어둠이 이마를 만지자 나는 번지듯이 건너간다

가장 근원적인 혁명은 사랑하며 홀로 부패되는 것
그의 먹이가 되는 것 그를 먹이는 것

나를 흡수하여 점점 붉어지는 아버지
밖으로 허물어지면서 몸피를 키우는
소모되고 사라지려는 저 붉음이
사랑이 될 수 있는 유일한 형식

_장석원, 『태양의 연대기』(356)에서

나는 자전거를 타고

나는 자전거를 타고,
짠 햇빛과 무관심한 바람을 통과하면서
여기는 나일, 여기는 고베, 여기는 이름 모를

당신이 걸어서 닿은 땅의 표면은
당신의 발바닥을 적십니까
습기가 발목까지 차올라오면,
당신은 공허한 식물처럼
뿌리를 내립니다
흰 발목에서 뻗어 나가는 뿌리들,
당신은 뿌리의 힘으로 잎사귀를 피워 올리겠습니까?
시간은 느리지도 빠르지도 않게

당신은 목이 조금 마르거나
약간의 흥분이 필요한가요?
빗물이 당신을 후둑후둑 때리고 지나가듯
참기 힘든 일은 별로 일어나지 않습니다
당신은 다만 걸어서

그곳에 도착한 것이지요
시간은 느리지도 빠르지도 않게

당신의 꿈은 밀려 있어서
당신의 밤은 요람이 아닙니다
당신은 여러 번 사람들을 행인으로 만들고
그들은 여러 번 당신 위로 구름이 지나는 것을 쳐다봅니다
어떤 날의 대기는 건조한데
당신은 거기에 개입하지 않습니다
시간은 느리지도 빠르지도 않게

나는 자전거를 굴리면서
빛나는 땀방울을 마른바람 속에 섞으면서,
여기는 나일, 여기는 고베, 여기는 이름 모를

_하재연, 『라디오 데이즈』(327)에서

회전목마가 돌아간다
Sick Fuck Sick Fuck

   엔초 페라리를 타고 터널을 놀라게 하고 싶다 늙은 이들이 울어서 짜증이 나겠지

   태어나는 것처럼 나쁜 짓은 없다 친밀감 그것은 변장한 악에 불과하다 나는 아가들을 악질이라 부른다

   어둠 속에서, 그녀가 서둘러 옷을 벗기 시작했다 그리고 완전히 나체가 되어 침대 위로 쓰러졌다 나는 외투의 단추조차 풀지 않은 채로 그녀의 알몸을 내려다보았고 '잘 자'라고 말했다 잘 자…… 그러자 그녀가 담요를 끌어와 가슴과 아랫도리를 감추며 나와 자기 자신, 두 사람에게 동시에 배반당한 사람처럼 말했다
   '그래, 좋아'

   내 거시기에선 언제나 식초 냄새가 난다 나는 그 냄새를 고스란히 느끼며 극장 쪽으로 걸었다 길에서 우연히 초등학교 동창인 반달 얼굴을 만났다 반달 얼

굴이 내게 반갑게 인사를 해왔다 나중에 한잔,을 끝으로 돌아서며 나는 그가 모든 면에서 별 볼일 없을 거라는 확신이 들었다

 —자네는 만 레이 필름을 본 적이 있나?
 —그렇습니다 선생님
 —그렇다면 자네의 필름은 만 레이를 베낀 거로군
 —그렇습니다 선생님
 —부끄러운 줄 알게
 —그렇습니다 선생님 저는 제 자신에게 부끄러움을 안겨주고 싶었습니다

 —집에 불가사리를 가져오지 말아요
 —왜지?
 —그건 보시다시피 조금도 예쁘지가 않아
 —집에도 예쁜 건 없어

대화가 멈추자 대화가 시작되었다 침묵 속에서 회

전목마가 돌아간다 sick fuck sick fuck……

 이집트의 한 남자는 태어날 때부터 못을 먹었다 그는 자신의 아내와 아이들에게도 못을 주었고 그들은 그것을 먹어야 했다 때때로 아내와 아이들이 그것을 삼키지 못하고 뱉어낼 때면 남자는 상심했고 당겨진 끈처럼 분노가 치밀었다

 팽팽해진 산책로를 따라 그녀가 울부짖으며 달려나갔다 나는 제자리에 서서 그녀가 나로부터 멀어지기를 기다렸다 그래,를 말하면서 계속해서 계속해서

 그래 그래 그래 그래 그래……

 위로가 필요하다면 위로가 필요한 것이다 동정을 모르는 촌뜨기 푸주한일지라도 그것 말고는 신음뿐이지

 그래 그래 그래 그래 그래……

죽은 조랑말 냄새

언덕 위에 엎드려 하루 종일 풀을 뜯고 싶다 부디 한가롭게 끈이 풀린 것처럼 언덕이 슬슬 검은 배를 보여줄 때까지

아이들은 갑자기,의 세계에 살면서 뛰고 달리고 소리친다 그곳에서 아이들을 끄집어내는 순간 그들은 반쯤 죽어버린다

사라지는 것, 그렇군, 웃음은 항상 사라지게 되어 있는 것이다 구멍 밖으로

—태어나는 건 역시 안 좋은 거야
—그러니까…… 너는 그게 싫은 거야?

마술이 기다리고 있다

인생의 삼분의 일을 꿈속에서

피가 굳어가지

코딱지처럼.

__황병승, 『트랙과 들판의 별』(337)에서

무반주 계절의 마지막 악장

바람이 눈을 쌓았으니
바람이 눈을 가져가는 숲의 어떤 하루가
검은 창의 뒷면에서 사라지고
강바닥에서 긁어 올린 밀랍 인형의 초점 없는 표정처럼
나무나 구름이나 위태로운 새집이나
모두 각자의 화분을 한 개씩 밖으로 꺼내놓고
그 옆에 밀랍 인형 앉혀놓고
여긴 검은 창의 경계
얼어 죽어라 얼어 죽어라
입을 떼도 들리지 않는 숲의 비명
뒷면들마다 그렇게 모든 뒷면들마다
입 맞추며 먼 강의 물속으로
가라앉으리

―최하연, 『피아노』(339)에서

주저흔

몇 세기 전 지층이 발견되었다

그는 지층에 묻혀 있던 짐승의 울음소리를 조심히 벗겨내기 시작했다

사람들은 발굴된 화석의 연대기를 물었고 다투어서 생물 연대를 찾았다
그는 다시 몇 세기 전 돌 속으로 스민 빗방울을 조금씩 긁어내면서
자꾸만 캄캄한 동굴 속에서 자신이 흐느끼고 있는 것처럼 느껴졌다

동굴 밖에선 횃불이 마구 날아들었고 눈과 비가 내리고 있었다

시간을 오래 가진 돌들은 역한 냄새를 풍기는 법인데 그것은 돌 속으로
들어간 몇 세기 전 바람과 빛 덩이들이 곤죽을 이

루고 있기 때문이다
 그것들은 썩지 못하고 땅이 뒤집어져야 모습을 드러내는 것이다
 동일 시간에 귀속되지 못한다는 점에서 그들은 서로 전이를 일으키기도 한다

 화석의 내부에서 빗방울과 햇빛과 바람을 다 빼내면 이 화석은 죽을 것이다

 그는 새로운 연구 결과를 타이핑하기 시작했다

 '바람은 죽으려 한 적이 있다'

 어머니와 나는 같은 피를 나누어 가진 것이 아니라 똑같은 울음소리를 가진 것 같다고 생각한 적이 있다
 __김경주, 『기담』(354)에서

뼈

내가 뼈가 될게
돼지의 말씀의 가로등의
환한 뼈
전투적인 머리카락의 검은 뼈

마네킹은 온몸이 뼈처럼 서 있군
유리를 긁으며 소리 없이 웃는다
오후의 마네킹은 모래언덕 같은데?

돗자리 바구니 자전거에는 뼈가 없고
밤으로 가는 열차에서는 뼈가 녹아

뼈가 될게 새벽에는
참새의 부리가
지렁이의 뼈를 부러뜨린다

새벽부터 밥을 먹으니
내가 튼튼해지는 것 같아

내 뼈를 공원으로 수영장으로 이동시켜줘

잉어들이 바닥에 수염을 꽂고
지느러미를 떼어내며 욕하는 것 같은데?
뼈의 굵기나 길이는 중요하지 않거든

시계가 뼈를 벌리며 하루를 완성해
종소리가 귀에 뼈처럼 꽂혀
내가 여기 서 있을게
자라서 뼈가 될게

_이근화, 『우리들의 진화』(362)에서

면목동

 아내는 반 홉 소주에 취했다 남편은 내내 토하는 아내를 업고 대문을 나서다 뒤를 돌아보았다 일없이 얌전히 놓인 세간의 고요

 아내가 왜 울었는지 남편은 알 수 없었다 어쩌면 영영 알 수 없을지도 모른다 달라지는 것은 없으니까 남편은 미끄러지는 아내를 추스르며 빈 병이 되었다

 아내는 몰래 깨어 제 무게를 참고 있었다 이 온도가 남편의 것인지 밤의 것인지 모르겠어 이렇게 깜깜한 밤이 또 있을까 눈을 깜빡이다가 도로 잠들고

 별이 떠 있었다 유월 바람이 불었다 지난 시간들, 구름이 되어 흘러갔다 가로등이 깜빡이고 누가 노래를 불렀다 그들을 뺀 나머지 것들이 조금 움직여 개가 짖었다

 그때 그게 전부 나였다 거기에 내가 있었다는 것을

모르는 건 남편과 아내뿐이었다 마음에 피가 돌기 시작했다 이야기는 이렇게 시작되었다

__유희경, 『오늘 아침 단어』(393)에서

|해설|

간절하지, 돌고래처럼

강계숙

> "내 행동에 대한 반성의 의미로 자화상을
> 그리기로 마음먹었다."
> ——고흐, 「귀 잘린 자화상」의 메모

  예민한 자의식은 섬세한 감수성의 동력이지만, 마르지 않는 괴로움의 원천이기도 하다. 제 것이면서도 다룰 수 없는 칼날이 되어 남과 나를 해치는 상처의 근원이 되기도 하고, 치명적인 광기의 연원이 되어 불가항력의 병을 유발하기도 한다. 채찍질당하는 말을 끌어안고 울다 발작을 일으킨 니체의 마지막 의식의 정처와 행방은, 그 순간 육체와 정신을 덮친 고통의 깊이와 질감은 짐작조차 힘들다. 질병으로의 도피는 아픈 자가 자신을 지키려는 방어책이지만, 제정신을 희생의 값으로 치러야 도피할 수 있는 고통이란 인간을 비(非)-인간으로 만든다. 고갱과의 결별을 견디지 못해 귀를 베어내고, 격렬한 자학의 흔적을 그림으로 옮기려 거울 앞에 선 고흐는 어떠했을까? 붕대에 감긴 한쪽 귀를 보며 모멸감에 휩싸였거나 수치심에 괴로웠을 것이고, 광인으로 돌변했던 찰나를 되짚으며 스스로가 무서웠을지 모른다. 혹은 자기 꼴이 한심하고 우스워 과장하기 좋아하는 광대처럼 웃었을 수도 있다. 그 모든 감정의 소용돌이를 오가며, 거센 내면의 파고를 바라보는 자신의 눈을 초점이 어긋난 불안한 녹색으로 칠하는 고흐를 떠올리면, 자기 내부에 도사린 광기를 하나의 객관체로 응시하는 또 다른 냉정한 '화가—고흐'가 어느덧 자화상 앞에 선다. 그러나 그것은 어딘가 소스라치게 놀랍고 섬뜩한 데가 있다. 미친 자가 미쳐버린 자신을 미치지 않은 자의 시선으로 바라보는 이상한 비범함은 정상의 범주를 이탈한 만큼 낯설고 기이한 것일 수밖에 없다.

기묘한 느낌을 뿜어내는 「귀 잘린 자화상」에 얽힌 사연을 알게 될 때, 자신의 모습을 그려본 사람은 누구나 제 귀를 제 손으로 잘라낸 모습을 화폭에 담는 일의 기괴함에 두려움을 느낄 것이다. 행태의 기이함 때문이 아니라 자신의 증후를 똑바로 응시하려는 초인적 의지에, 자기 본성을 피하지 않고 마주하려는 치열한 대결 의식에 압도되기 때문이다. 하지만 이 자화상의 진정한 놀라움은 다른 데 있다. 코에서 뿜어져 나온 담배 연기가 파이프의 연기와 합쳐져 몽실몽실 허공을 향해 올라가는 디테일의 유머러스함은 병적 심각성이 주는 괴물 같은 기묘함을 끌어안는 긍정의 힘을 만들어낸다. 여기서 '화가—고흐'의 형상은 다시 한 번 바뀐다. 자기부정의 방식이 아니라 '다시 또 한 번!'을 외침으로써 되풀이되는 생을 긍정하는 자의 웃음과 정신의 여유가 고흐의 담배 연기에는 배어 있다. 반성을 요구하는 초자아의 도덕적 엄격성이 아니라 고삐 풀린 무의식의 어두운 돌출을 유머로써 수긍하려는 유연한 자기분석의 가능성이 그림의 고백적 가치를 빛나게 한다. 그러나 고흐도 결국 니체의 운명을 뒤따랐다. 예민하고 섬세할수록 자기 자신에 대한 의식은 크든 작든 영혼의 고통을 일종의 숙명처럼, 필연처럼 스스로에게 짐 지운다. 여기 실린 83편의 자화상에서 마주치는 내밀한 아픔의 정체는 그러한 숙명에 대한 뼈아픈 토로다. 그리고 이 고백을 지지하는 공통의 토대는 시인으로서의 자기 정체이며, 시와 삶이 하나가 되길 희구하는 예술적 지향의 다종다양한 교차이다.

역사적으로 자화상은 근대의 산물로서 근대적 개인의식의 탄생을 가리키는 증거다. 뒤러와 렘브란트의 많은 자화상은 자아에 대한 자부심과 '화가'로서의 자기 인식이 스스로를 화폭에 담을 수 있게 한 심리적, 정신적 배경이었음을 보여준다. 그런데 지금 우리 앞에 있는 것은 시인이 시로 쓴 자기 초상이다. 시인의 자화상이란 시인으로서의 이미지화가 언어적 재현을 거쳐 시로 완성되어야 하며, 이는 자아상을 그릴 때 자기 표상이 시가 되는 사태로 경험되어야 함을 뜻한다. 화가의 자화상이 하나의 완성된 미술품이 듯, 시로 쓴 시인의 초상은 그 자체로 이미 시여야 한다. 여기서 예술가의 자의식은 한 번 더 괴로움과 고통을 겪는다. 자기에의 지나친 몰입—비탄과 절망이든 찬탄과 기쁨이든, 그 무엇이든 간에—은 예술을 해친다. 이를 먼저 경계해야 한다는 것은 예술 창작 제1의 규칙이다. 이는 시인도 예외가 아니다.

자기 재현의 경우, 창작 과정에서 대상과의 거리 두기는 미적 자의식에 이중의 자각을 끊임없이 요구한다. 생활의 영역에 속한 경험적 자아의 성찰도 시로 완성되기 위해서는 시적인 것의 현현으로 화하는 도약을 거쳐야 한다. 그런데 문제는 이러한 도약이야말로 산문화가 불가능한 시의 비밀이다. 시인들의 많은 초상이 그들 각자가 생각하는 시적인 것의 처소에 뿌리를 두고 솟아나는 까닭은 이 때문이다. 무엇보다 시인에게 내적 성찰의 거점은 시를 길어올리는 맹아적 보고(寶庫)다. 워즈워스가 시란 "내면의 힘찬 감정의 저절로 넘쳐흐름"이라고 선언했을 때, 그리고 그 감정을 가라앉혀 찬찬히 관조하는 과정에서 시가 태어난다고 덧붙인 이래, 감정조차도 주관적 발산의 자유보다 반성적 되새김의 경로를 밟을 때 시로 탄생할 가능성을 얻는다는 시사는 시를 만드는 주인이 누구든 무엇이든 시적인 것의 발견과 주조는 자기 성찰의 기초 없이 세워질 수 없음을 의미한다. 그렇기에 시인의 얼굴을 보는 일은 시의 몸을 더듬는 길이며, 시에 이르는 첩경은 시인의 내면을 가늠하는 데서 출발한다. 시로 쓴 시인의 초상이 때로 더 큰 감동과 울림을 주는 이유는 이로부터 기인한다. 거기에는 산문의 세계에 종속된 존재가 시의 바깥에서 시의 비밀스런 중심으로 틈입하여 스스로 시적인 것의 발현이 되려는 고투가 있다. 시인이 곧 시고, 시가 곧 시인인 불가능한 사건의 도래, 그 고통스런 꿈의 실현 말이다!

    정확히는 해안이 아니었어.
    북해를 하염없이 내려다보고 있는 능선,
    그 언덕에 핀 지천의 은빛 억새꽃이
    며칠째 메아리의 날개를 내게 팔았지.
    저녁 바람을 만나는 억새의 황홀을 정말 아니?

    그래도 가을 한 자락이 황혼 쪽에 남았다고
    암술과 수술을 구별하기 힘든 억새꽃이
    뺨 위의 멍 자국만 남은 내게 다가와
    만발한 집착은 버려야 한다고 중얼거렸다.

    [······]

    변하지 않는 시야에 서 있는 귀향의 끝,
    평범하게 말없이 살자고 약속했던 그대여,

끝없는 추락까지 그리워하며 잠들던 그대여,
나도 안다, 우리는 아직 여행을 끝내지 않았다.
내가 찾던 평생의 길고 수척한 행복을 우연히
넓게 퍼진 수억의 낙화 속에서 찾았을 뿐이다.

—마종기, 「북해의 억새」 부분

  자연과의 우연한 조우를 마음의 투영으로 빚은 시가 자주 감탄을 자아내는 까닭은 자연이 더할 수 없는 아름다움의 적소임을 환기하는 데서 비롯한다. 그러나 자연미의 의존이 시의 아름다움과 감동을 약속하지는 않는다. 은빛 억새꽃을 '황홀'로 느끼고 구현하고 체험하는 것은 언어의 힘이며 시인의 몫이다. 눈부신 황홀경 속에서 헛된 집착의 미망과 불귀(不歸)의 영원한 슬픔을 감득하는 혜안은 오직 '나'에게 속한 능력이다. 평생의 삶을 "길고 수척한 행복" 찾기였다는 몇 마디로 함축하는 성숙한 통찰이야말로 억새꽃의 낙화를 눈부신 수려함으로 만든다. 하지만 이 시의 진정한 미덕은 초로에 이룬 귀향의 끝이 기쁨의 낙원이 아니라 안타까운 명멸의 시작임을 깨닫는 담담한 시선의 깊이에 있다. 자기 미화와 이상화를 온전히 걷어낸 묵묵한 성찰의 심연은, 시의 본질은 시적 관조이며 시인의 투명하고 맑은 조응 없이 시는 쓰일 수 없음을 적시한다. 되돌아보는 자로서의 이러한 '나'의 모습은 시의 성찰이 시인의 성찰과 한 몸이며, 시를 형성하는 시원(始原)에 무엇이 있

(어야 하)는가를 말해준다. 그런데 자연에 의지한 의식적 반추가 시와 시인에게 언제나 눈 밝은 지혜와 윤리적 겸손을 선사하는 것은 아니다.

모래폭풍이 땅을 뒤집는 순간 황야가 떠오르기 시작했다. 어두운 몸으로는 감당할 수 없는 푸른 하늘, 붉은 흙먼지, 야생의 숨결을 받은 것들은 숨 돌릴 새 없이 몸부림쳤다. 무엇에 쫓겨 가는지 짐승들이 미친 듯이 달렸다. 밤새 살아남은 발자국들은 거대한 먼지굴 속에서 굴러 나와 먼지를 끌고 달렸다. 황야에 들어갈수록 긴 꼬리가 생기고 몸이 팽창했다. 달궈진 시간만 소멸하면서 생성되었다. 나는 내가 인간도 짐승도 아니라는 것 말고는, 내가 없는 곳에서 내가 무수히 태어난다는 것 말고는, 무엇이 소멸 속에서 생성되고 있는지 알 수 없었다.

지평선은 둥글고 향긋해도
그 중심은 깊고 황막한 곳

다시 황야로 들어간다면 모래폭풍 넘어 타마리스크 나무 아래 서 있고 싶다.
　　　　　　　　——신대철, 「타마리스크 나무 아래」 전문

모래폭풍에 뒤덮인 황야는 죽음의 시간으로 터질 듯하

다. 그 안에서 모든 것은 어두운 몸이 되어 죽음을 향해 내달린다. "내가 없는 곳에서 내가 무수히 태어난다는 것 말고는, 무엇이 소멸 속에서 생성되고 있는지 알 수 없"는 이 세계의 이름은 절대적 혼돈이다. 여기서 '나'는 "인간도 짐승도 아니"다. 정체를 헤아릴 수 없는 탓이다. 고요한 내적 침잠 또한 불가능하다. "지평선은 둥글고 향긋해도/ 그 중심은 깊고 황막한 곳", 이곳의 무한한 침묵과 감당할 수 없는 카오스의 난무는 파스칼의 공포를 연상시킨다. 숭고로서의 자연이 가공할 두려움을 체험케 한다는 점은 잘 알려진 사실이지만, 자기 소멸의 체험은 죽음의 대면과 같다. 그렇기에 여기는 '깊고 황막한' 어둠으로만 지칭된다. '나'는 이 중심의 복판에서 원초적인 자기 보존과 평안에 대한 염원만이 반성과 성찰 이전에 선행하는 본능이라는 듯 폭풍 너머의 타마리스크를 떠올릴 뿐이다. 타마리스크가 자라는 사막의 시작과 끝은 죽음을 내재한 채 죽음을 관통한 존재만이 다다를 수 있는 평정의 시간이다. 아마도 이 시간으로 스밀 때에야 폭풍을 건너는 지금 이 순간에 대한 '나'의 사후적 되새김은 가능할 것이다. 죽음의 폭풍이 이는 한복판의 이름 없는 무엇, 실존에 대한 감각조차 망실한 혼란, 의식의 한 자락을 간신히 지탱하는 존재의 위기, 치명적 위험을 건너며 깨치는 소멸과 생성에 대한 자각, 짧지만 기나긴 그 찰나의 명멸. 이 시가 표상하는 이러한 자기 이미지는 시인이 감지하는 시적인 것의 근원적인 형상이기도 하다. "타마리스크 나무 아래"는 그래서 이 모든 것을 묵묵히 정관할 수 있는 응시의 공간으로 읽힌다. 시와 시인은 그곳에서 일어선다.

  그런데 자연미의 관찰에 힘입은 성찰의 빛이든, 죽음의 그늘에 휩싸인 현존의 어둠이든, 이러한 자기 재현에는 삼중고(三重苦)가 요구된다. 삼중고란 요컨대 이런 것이다. 감정과 이성과 행동의 주인공, 그 주인공이 자신임을 반성하는 주체, 그리고 그러한 주체를 바라보는 응시, 이 세 가지 층위의 충돌과 교호와 통합과 분열을 자발적으로 관조하고 경험할 것을 요청받는다는 점이다. 특히 응시는 의식의 이면으로 주체를 옮기는 작업인데, 이는 자신을 타자의 자리에 위치시키는 과정일뿐더러 이를 예술적 재현의 대상으로 삼는 일은 자기-표상으로 객체화될 때 완성된다. 이때 타자화의 방식은 크게 두 가지 갈래로 나뉜다. 하나는 모든 응시가 자기 응시가 되는 방식, 즉 자신을 타자의 자리에 두고 응시된 것들에 자신을 투사하는 방식이다. 외현이 '나'의 대리 표상이 된다는 점에서 이러한 방식은 투사의 기회를 무한대로 넓히고, 응시하는 자의 적극성에 따라 성찰의 폭과 넓이가 좌우된다. 그런데 이 같은 형태의 타자화에서 응시는 주체에게 인식되지 않는다. 응시 자체가 포착 불가능한 몰인식이다. 그로 인해 '나는 나의 바라봄을 본다'는 사실을 고통 속에서도 기꺼이 상징화할 수 있다. 은빛의 억새와 타마리스크로 표상되는 자기 응시가 반드시 고통의 소산은 아니며, 주체의 희열을 담고 있다고 말할 수 있는 것은 이 때문이다.

다른 하나는 공감의 능력에 기대는 이러한 감정이입의 형태와 달리, 눈에 주어진 것과 응시는 불일치한다는 것, 보라고 주어진 것과 보고 싶어 하는 것은 동일하지 않으며, 보고 싶은 것을 보고자 하는 주체의 눈에는 주어진 것이 언제나 포착 불가능한 결여임을 인식함으로써 몰인식 상태에 있는 응시의 있음being을 전면에 부각하는 방식이다. 즉 응시 자체를 타자화하는 것이다. 무슨 뜻인가? 복음서가 "눈이 있어도 보지 못하니"라고 말할 때, 보지 못한다고 한 바로 그것을 보여주는 것이다. 라캉의 말을 빌리면, 사물/타자들이 주체를 응시한다는 사실을 주체가 보지 못함을 드러내는 것, 사물의 응시가 있음을 보여주고 사물의 응시에 의한 주체의 보임을 가시화하는 방법이 그것이다. 이는 '나'의 응시가 타자의 장에서 상상해낸 응시regard imaginé일 뿐이며, 의식이 눈치채지 못하는 환영 속에 있음을 드러낸다. 이를 따라 주체는 더 이상 데카르트적인 절대적 조망의 위치에 있지 않고 원근법을 벗어난 여러 겹의 눈들에 의해 표상된다. 자화상을 형성하는 내적 원리는 이렇게 타자화의 방법에 따라 두 가지 형식으로 나뉜다. 회화와 달리, 시는 언어의 경유를 거쳐야 하지만 사물의 응시에 따른 주체의 형상은 이전에 없던 시인의 자기 인식을 새롭게 재현하는 데 기여한다.

길은 바닥에 달라붙어야 몸이 열립니다
나는 바닥에서 몸을 세워야 앞이 열립니다
강둑의 길도 둑의 바닥에 달라붙어 들찔레 밑을 지나 메꽃을 등에 붙이고
엉겅퀴 옆을 돌아 봄 하나를 열고 있습니다
땅에 아예 뿌리를 박고 서 있는 미루나무는 단단합니다
뿌리가 없는 나는 몸을 미루나무에 기대고
뿌리가 없어 위험하고 비틀거리는 길을 열고 있습니다 엉겅퀴로 가서
엉겅퀴로 서 있다가 흔들리다가
기어야 길이 열리는 메꽃 곁에 누워 기지 않고 메꽃에서 깨꽃으로 가는
나비가 되어 허덕허덕 허공을 덮칩니다
허공에는 가로수는 없지만 길은 많습니다 그 길 하나를
혼자 따라가다 나는 새의 그림자에 밀려 산등성이에 가서 떨어집니다
산등성이 한쪽에 평지가 다 된 봉분까지 찾아온 망초 곁에 퍼질러 앉아
여기까지 온 길을 망초에게 묻습니다
그렇게 묻는 나와 망초 사이로 메뚜기가 뛰고
어느새 둑의 나는 미루나무의 그늘이 되어 어둑어둑합니다
─오규원, 「둑과 나」 전문

'나'의 현시는 바닥에 달라붙은 길에 의해 이루어진다. 길의 바라봄은 '나'의 가시화다. 강둑의 길은 '나'를 살아 있는 몸으로 일으키는 소리 없는 주목이자 내 몸에 부재하는 내용을 드러내 '나'를 기습하는 눈이다. 길의 눈이 바라볼 때, '나'도 길을 마주 본다. 이때 비로소 '나'는 길에는 있으나 나에겐 없는 것이 무엇인지 알아챈다. '나'에겐 뿌리가 없다…… 뿌리 없음을 눈치챈 것은 비단 길만이 아니다. 강둑에 달라붙은 들찔레, 메꽃, 엉겅퀴, 미루나무가 "뿌리가 없어 위험하고 비틀거리는" '나'를 본다. 미루나무에 기대고, 엉겅퀴로 가서 흔들리고, 나비가 되어 허공을 나는 노력은 뿌리 없는 정체를 만회하려는 가상의 소망 충족이자 상상력 실험이다. 그런데 실험은 어느덧 실행이 되어 망초에게 답을 물으며 "미루나무의 그늘"이 된 '내'가 남는다. 실험이 실행이 되는 비밀은 상상의 '나비'는 "새의 그림자"도 될 수 없다는 진실의 대면, 그로부터 자기 한계를 인식하는 과정에 숨어 있다. 길과 길에 뿌리를 둔 사물들에 의해 둑에서 일어설 수 있었던 내 몸은 허공의 길이 아닌 강둑에 있을 때 상상이 아닌 실재가 된다. 미루나무 그늘에 묻힌 '나'는 환상도, 환영도 아닌 날것의 사실이다. '나' 또한 사물인 셈이다. 주목할 것은 사물인 '나'란, '나'의 실재란 통일된 하나의 총체가 아니라 각각의 사물이 나누어 가진, 사물에 복속되어 그 일부가 한데 겹쳐진

다층적 집합이란 점이다. 통합적인 자아의 동일시에 의해서가 아니라 이미 타자인 '나'의 중층적인 외재화가 '둘과 나'를 둘이면서 나이고, 나이면서 둘인 비변증법적인 전체로 만든다. 이것이야말로 불가능한 세계의 즉각적 실현이며 시적 이미지만이 누릴 수 있는 자유의 구가다. 시인이란 이러한 자유를 향유jouissance하는 자일 터이다. 이 시에 의해 시인의 시인됨은 사물의 응시와 응시의 있음을 이미지의 자유로 수행하는 주체의 태도와 용기에 의해 형성된다는 점이 재삼 확인된다. 그런데 이러한 사물의 응시가 주체의 가시화를 지향하지 않고 사물의 있음을 말하는 데로 정향된 세계가 있다. 그 세계는 사물의 움직임으로 존재한다. 세계란 다만 사물들이다.

> 휘파람새가 왔다
> 휘파람새는 휘파람새에게 의지하고 있었다
> 휘파람새가 왔다
> 휘파람새는 휘파람새에게 의지하고 있었다
> 휘파람새가 왔다 휘파람새는
> 휘파람새에 의지하여
> 회양목에서 목련 쪽으로
> 목련에서 왕벚나무 쪽으로
> 왕벚나무에서 계수나무 쪽으로
> 계수나무에서 느릅나무 쪽으로

느릅나무에서 떡갈나무 쪽으로

　　[……]

　　버즘나무에서 아까시나무 쪽으로

　　아까시나무에서 명자나무 쪽으로

　　명자나무에서 박태기나무 쪽으로

　　돌고래처럼 날아갔다

　　휘파람새는

　　휘파람새에게 의지하고 있었다

　　휘파람새가 왔다　　　　——이준규,「휘파람새」부분

　휘파람새가 온다, 의지한다, 날아간다. 나무도 있다. 그냥 나무가 아니다. '나무'라는 단어는 개념의 추상성을 벗어나지 못하므로, 개별적으로 존재하는 나무 각각을 불러야 한다. 왕벚나무, 계수나무, 느릅나무, 떡갈나무 등. 그러나 이마저도 유일무이한 '그 나무'를 가리키지 못한다. 노란빛을 띤 왕벚나무, 막 움트는 왕벚나무, 가지 마른 왕벚나무, 한 아름 자란 왕벚나무, 벌레 먹은 왕벚나무 등의 고유한 단독성은 언어를 통해서는 '있는 사실' 그대로 현전하지 못한다. 그것은 언어 편에서는 영원히 불가능한 숙제다. 대신 나무가 거기 있음을 증명하는 나무의 타자를 통해, 그 타자가 옮아가는 나무를 명명함으로써, 나무의 현존과 사물성과 독자성은 사실이 된다. 나무의 타자는 휘파람새이다. 휘파람새의 타자는 저 많은 나무들이다. 버즘나무, 아까시나무, 명자나무, 박태기나무가 있는 곳에서 휘파람새는 나무 사이를 오가며 하늘을 나는 '새'가 되고, "버즘나무에서 아까시나무 쪽으로/아까시나무에서 명자나무 쪽으로/명자나무에서 박태기나무 쪽으로" 날아갈 때, 그 새는 다른 무엇도 아닌 '휘파람새'다. 그러니 이렇게 말할 수 있다. 나무는 휘파람새의 타자일 때 나무이고, 휘파람새는 나무의 타자일 때 휘파람새다. 그리고 세계는 타자들로 존재하는 '타자들의 세계'다…… 이는 '휘파람새는 휘파람새에게 의지하고 있다'는 명제에 의해 더 분명해진다. 이 문장은 외양을 벗어나 본연의 본질에 의지할 때, '새'의 본성이 발휘된다는 의미를 담고 있지 않다. 본질과 현상, 이데아와 형상의 이분법을 내포하지 않는다는 뜻이다. 존재는 응시된 사물(타자)로서 존재할 때, 사물(타자)로서의 자신에 의거할 때, 살아 있는 생생한 현존이 된다. 휘파람새는 '휘파람새'라는 사물로서 제 자신을 내재적으로 벗어날 때, 휘파람새가 되어 날아갈 수 있다. 그리고 그 순간, 놀랍게도 휘파람새는 정말 다른 것이 된다. 그것은 "돌고래처럼 날아"간다!

시인이 휘파람새를 자아상의 상관물로 제시했을 때, 진정한 자기 정체로 에둘러 가리킨 것은 날렵하게 상승하는 비상의 물체, 가벼운 탄성으로 수면을 박차고 파란 하늘에 정지의 순간을 도래시키는 단 하나의 정점, 지상의 수직과 천공의 수평이 검푸른 일점으로 섬광처럼 교차하는 '돌고래'의 이미지다. 키츠가 "시적 성격에 관하여 말하자면, 그것은 그 자체가 아니다. 자기라는 게 없다. 모든 것이며 아무것도 아니다"라고 했을 때, 엘리엇이 "시는 개성의 표현이 아니라 개성으로부터의 도피이며, 개성과 감정을 가진 이만이 그렇게 도피하는 것이 무엇을 뜻하는지 안다"고 말했을 때, 이들이 공통적으로 지목한 바는 시인의 개성은 자기의 특이성과 개별성을 비우고 다른 것, 즉 타자로서 존재할 때 실현된다는 사실이다. 그런 점에서 돌고래처럼 날아가는 휘파람새의 형상은 '모든 것이며 아무것도 아닌' 시인의 표상에 가깝다. 하지만 이 시에서 정작 눈여겨볼 것은 휘파람새를 돌고래에 비긴 단순한 비유가 아니다. 휘파람새가 돌고래처럼 날아가는 것을 본 것은 무엇/누구인가? 바라보는 '나'겠지만, '나'의 정체를 섣불리 단언할 수 없다. 응시로서 철저히 타자화된 까닭에 풍경 속 사물 전부가 바라보는 주체일 수 있으며, 그 결과 모두 '나'이기도 하고 '내'가 아니기도 하다. 만일 '내'가 시인이라면, 시인은 응시로서만 존재한다. 달리 말해 시인은 휘파람새, 온갖 나무들, 돌고래면서, 어떤 것도 아니다. 휘파람새가 돌고래로 재탄생하는 시적 도약의 과정에서, 이 놀랍고도 경쾌한 이미지의 변전으로부터 유추되는 새로운 방법적 시학의 내용은 분명하다. 이러한 세계에 '인간'으로서의 시인은 없으며, 시인의 몰개성은 응시의 성취에 달려 있다. 무한한 사물들과 사실들이 오히려 세계를 풍요롭게 한다. 그

럼에도 불구하고 "돌고래처럼 날아갔다"에 담긴 숨은 마음이, 휘파람새를 돌고래로 발견하는 데서 전해지는 섬세한 수줍음이 환기하는 것은 무한한 타자의 세계에 자기도 속해 있음을 인식하고 안도하는 시인의 정서다. 그래서 이 이미지에는 가만히 응시하는 자로서 존재 이유를 허락받고자 하는 모종의 간절함이 담겨 있다. 극사실로 소묘된 풍경이 시인의 자화상을 대신할 수 있는 까닭이기도 하다. 한편 '인간'이 부재할 때 사물들의 풍부함이 보장되는 세계를 사는 시인의 간절함을 이야기하려면, 아래의 장면을 빼놓을 수 없다.

    표지판이 가리키는 곳은 모두 이곳이 아니야
    이곳 너머야 이 시간 이후야
    나는 표지판은 믿지 않아
    달리는 속도의 시간은 지금 여기가 전부야
    기우는 오토바이를 따라
    길도 기울고 시간도 기울고 세상도 기울고
    내 몸도 기울어
    기울어진 내 몸만 믿는 나는
    그래 절름발이야
    삐딱한 내게 생이란 말은 너무 진지하지
    내 한쪽 다리는 너무 길거나 너무 짧지
    그래서 재미있지

삐딱해서 생이지 절름발이여서 간절하지
길이 없어 질주하지

달리는 오토바이에서 나도 가끔은 뒤를 돌아봐
착각은 하지 마 지나온 길을 확인하는 것이 아니야
나도 이유 없이 비장해지고 싶을 때가 있어
생이 비장해 보이지 않는다면
대단해 보이지 않는다면
어느 누가 온몸이 데는 생의 열망으로 타오르겠어
그러나 내가 비장해지는 그 순간
두 개의 닳고 닳은 오토바이 바퀴는 길에게
파도를 만들어주지
길의 뼈들은 일제히 솟구쳐오르지
길이 사라진 곳에서 나는
파도를 타고 삐딱한 내 생을 관통하지

―이원, 「영웅」 부분

  오토바이의 속도가 길이 없는 곳에 길을 열고, 열린 길의 파도가 오토바이에 실린 몸을 '삐딱'하게 만드는 곡예의 시간, 흔들리는 오토바이를 따라 "길도 기울고 시간도 기울고 세상도 기"우는, 원근법이 사라진 초현실의 공간. '나'를 향한 생의 직접적 엄습과 강타가 밀물처럼 닥치기에 "이곳 너머 이 시간 이후"로 나아가는 시공간의 접점 지대는 생의 열망이 타오르고, 열망의 위험만큼 비장해지는 격렬한 자기 인식의 집산지다. 그러나 열망과 비장의 열도(熱度)에 비해, 도로는, 도로 위의 오토바이는 놀라울 만치 조용하고 차갑다. 길이 열리는 순간만을 포착해야 하는 집중력이 과거도 미래도 없는 현재만을 요구하므로, 열망은 차가워야 하고 비장은 조용해야 한다. 그래야만 몸이 기울어도 한쪽으로 쏠리지 않는 힘이 유지된다. 그 힘이 "내 생의 중력"이다. 아니, 지면 위를 살짝 떠오른 채 질주하는 "중력을 이탈한 내 생"(「영웅」)의 원료이자 에너지다. 이러한 힘의 구현으로 도로를 달리는 자장면 배달부와 낡은 오토바이는 진정한 '영웅'이라 할 수 있다. 한밤 어두운 도로를 박차 오르는 '돌고래'가 이(것)들이 아니면 무엇일까? 더 정확히 말해, 이(것)들은 물리적, 현실적 중력으로부터의 이탈이 삶의 원동력이자 강력한 인력으로 작용하는 시인의 표상이다. 타고난 시인치고, 시인으로서의 삶의 영위가 현실 세계로부터의 탈주와 동의어가 아닌 경우는 없다. 몸이 위태롭게 기울어야 중심을 찾을 수 있는 역설은 시인을 시인이게끔 만드는 존재 형식이다.

그러나 오해는 말자. 중력을 벗어나서 생의 중심을 이루는 일은 자기 전부를 거는 위험한 작업이며, 적합하고 알맞은 균형의 소유는 애초부터 가능하지 않다. 그래서 '나'는 말한다. "기울어진 내 몸만 믿는 나는/그래 절름발이"라고, "삐딱해서 생"이고 "절름발이여서 간절하"다고.

이러한 간절함에는 섣불리 짐작할 수 없는 고통이 새겨져 있다. 온몸이 데는 열망과 죽음을 감수하는 비장을 한데 둘 수밖에 없는 사정은 형용할 수 없는 고통의 정도를 간접적으로 대변한다. 하지만 그러한 간절함의 비원을 승화하는 방법 역시 이 시에는 암시되어 있다. 간절함과 열망과 비장이 하나로 용해되고 오토바이의 무서운 속도가 현실의 한계를 뚫고 나가려는 순간, 그리고 몸을 기울임으로써 길을 열 수 있는 중심을 찾아내는 유연성이 발휘되는 찰나, "길의 뼈들은 일제히 솟구쳐오르"고, "길이 사라진 곳에서 나는/파도를 타고 삐딱한 내 생을 관통"한다. 삶의 극복은 삶을 정면으로 사는 데 있다. 그렇다면 시인의 자기 정체는 시를 온전히 사는[生] 데 있지 않은가? 시인에게 생의 중력은 바로 시다! 시인은 시로써 자신의 중력을 견지한다. 이 장면이 암시하는 전언을 이렇게 받아들여도 좋을 것이다.

이제 우리는 시인이 시로 존재하는 상태, 시가 시인과 떼려야 뗄 수 없는 하나로 결합된 경지를 이해하고 수긍할 수 있다. 시의 끼어듦과 스밈과 호흡은 시인의 외로움과 눈물과 숨결과 바람이다. 시의 얼굴은 시인의 얼굴이다. 그리고 그 얼굴에서 우리는 우리와 닮은 얼굴을, 희로애락을, 눈부신 광휘를 본다. 언제든 가능한 시의 시작(始作)과 더불어……

저녁 어스름 때
하루가 끝나가는 저
시간의 움직임의
광휘,
없는 게 없어서
쓸쓸함도 씨앗들도
따로따로 한 우주인,
(광휘 중의 광휘인)
그 움직임에
시가 끼어들 수 있을까.

아픈 사람의 외로움을
남몰래 이쪽 눈물로 적실 때
그 스며드는 것이 혹시 시일까.
(외로움과 눈물의 광휘여)

〔……〕

그동안의 숨결들
고스란히 퍼지고 바람 부는 하늘가
거기 어디서 시는 숨 쉴 수 있을까.
(숨결과 바람의 광휘여)

———정현종, 「광휘의 속삭임」 부분

|수록 시인 소개|

강 정
1971년 부산 출생. 1992년 『현대시세계』로 등단. 시집 『처형극장』 『들려주려니 말이라 했지만,』 『키스』 등이 있음.

곽효환
1967년 전북 전주 출생. 1996년 『세계일보』 신춘문예 당선. 시집 『인디오 여인』 『지도에 없는 당신』이 있음.

권혁웅
1967년 충북 충주 출생. 1997년 『문예중앙』으로 등단. 시집 『황금나무 아래서』 『마징가 계보학』 『그 얼굴에 입술을 대다』 『소문들』 등이 있음.

김경주
1976년 전남 광주 출생. 2003년 『대한매일』(현 『서울신문』) 신춘문예 당선. 시집 『나는 이 세상에 없는 계절이다』 『기담』

『시차의 눈을 달랜다』 등이 있음.

김광규
1941년 서울 출생. 1975년 『문학과지성』으로 등단. 시집 『우리를 적시는 마지막 꿈』『아니다 그렇지 않다』『크나큰 마음』『좀팽이처럼』『아니리』『물길』『가진 것 하나도 없지만』『처음 만나던 때』『시간의 부드러운 손』『하루 또 하루』 등이 있음.

김명인
1946년 경북 울진 출생. 1973년 『중앙일보』 신춘문예 당선. 시집 『東豆川』『머나먼 곳 스와니』『물 건너는 사람』『푸른 강아지와 놀다』『바닷가의 장례』『길의 침묵』『바다의 아코디언』『파문』『꽃차례』 등이 있음.

김민정
1976년 인천 출생. 1999년 『문예중앙』 신인문학상으로 등단. 시집 『날으는 고슴도치 아가씨』『그녀가 처음, 느끼기 시작했다』 등이 있음.

김선우
1970년 강원 강릉 출생. 1996년 『창작과비평』으로 등단. 시집 『내 혀가 입 속에 갇혀 있길 거부한다면』『도화 아래 잠들다』『내 몸속에 잠든 이 누구신가』 등이 있음.

김소연
1967년 경북 경주 출생. 1993년 『현대시사상』으로 등단. 시집 『극에 달하다』『빛들의 피곤이 밤을 끌어당긴다』『눈물이라는 뼈』 등이 있음.

김영남
1957년 전남 장흥 출생. 1997년 『세계일보』 신춘문예 당선. 시집 『정동진역』 『모슬포 사랑』 『푸른 밤의 여로』 『가을 파로호』 등이 있음.

김윤배
1944년 충북 청주 출생. 1986년 『세계의 문학』으로 등단. 시집 『겨울 숲에서』 『떠돌이의 노래』 『강 깊은 당신 편지』 『굴욕은 아름답다』 『따뜻한 말 속에 욕망이 숨어 있다』 『슬프도록 비천하고 슬프도록 당당한』 『부론에서 길을 잃다』 『혹독한 기다림 위에 있다』 등이 있음.

김이듬
1969년 경남 진주 출생. 2001년 『포에지』로 등단. 시집 『별 모양의 얼룩』 『명랑하라 팜 파탈』 『말할 수 없는 애인』 등이 있음.

김점용
1965년 경남 통영 출생. 1997년 『문학과사회』로 등단. 시집 『오늘 밤 잠들 곳이 마땅찮다』 『메롱메롱 은주』가 있음.

김행숙
1970년 서울 출생. 1999년 『현대문학』으로 등단. 시집 『사춘기』 『이별의 능력』 『타인의 의미』 등이 있음.

김형영
1944년 전북 부안 출생. 1966년 『문학춘추』 신인 작품 모집, 1967년 문공부 신인 예술상 당선으로 등단. 시집 『침묵의 무늬』 『모기들은 혼자서도 소리를 친다』 『다른 하늘이 열릴 때』 『기다림이 끝나는 날에도』 『새벽달처럼』 『홀로 울게 하소서』 『낮은 수평선』 『나무 안에서』 등이 있음.

김혜순
1955년 경북 울진 출생. 1979년 『문학과지성』으로 등단. 시집 『또 다른 별에서』 『아버지가 세운 허수아비』 『어느 별의 지옥』 『우리들의 陰畵』 『나의 우파니샤드, 서울』 『불쌍한 사랑 기계』 『달력 공장 공장장님 보세요』 『한 잔의 붉은 거울』 『당신의 첫』 등이 있음.

남진우
1960년 전북 전주 출생. 1981년 『동아일보』 신춘문예에 시, 1983년 『중앙일보』 신춘문예에 문학평론이 각각 당선. 시집 『깊은 곳에 그물을 드리우라』 『죽은 자를 위한 기도』 『타오르는 책』 『새벽 세 시의 사자 한 마리』 『사랑의 어두운 저편』 등이 있음.

류 근
1966년 경북 문경 출생. 1992년 『문화일보』 신춘문예 당선. 시집 『상처적 체질』이 있음.

마종기
1939년 일본 도쿄 출생. 1959년 『현대문학』 추천으로 등단.

시집 『조용한 개선』 『두번째 겨울』 『평균율』 『변경의 꽃』 『안 보이는 사랑의 나라』 『모여서 사는 것이 어디 갈대들뿐이랴』 『그 나라 하늘빛』 『이슬의 눈』 『새들의 꿈에서는 나무 냄새가 난다』 『우리는 서로 부르고 있는 것일까』 『하늘의 맨살』 등이 있음.

문충성
1938년 제주 출생. 1977년 『문학과지성』으로 등단. 시집 『濟州바다』 『섬에서 부른 마지막 노래』 『내 손금에서 자라나는 무지개』 『떠나도 떠날 곳 없는 시대에』 『방아깨비의 꿈』 『설문대할망』 『바닷가에서 보낸 한 철』 『허공』 『백 년 동안 내리는 눈』 『빈길』 『허물어버린 집』 등이 있음.

문태준
1970년 경북 김천 출생. 1994년 『문예중앙』 신인문학상으로 등단. 시집 『수런거리는 뒤란』 『맨발』 『가재미』 『그늘의 발달』 등이 있음.

박남철
1953년 경북 포항 출생. 1979년 『문학과지성』으로 등단. 시집 『그러나 나는 살아가리라』 『지상의 인간』 『반시대적 고찰』 『용의 모습으로』 『러시아집 패설』 『자본에 살어리랏다』 『바다 속의 흰머리뫼』 『제1분』 등이 있음.

박라연
1951년 전남 보성 출생. 1990년 『동아일보』 신춘문예 당선. 시집 『서울에 사는 평강공주』 『생밤 까주는 사람』 『너에게 세

들어 사는 동안』『공중 속의 내 정원』『우주 돌아가셨다』『빛의 사서함』이 있음.

박정대
1965년 강원 정선 출생. 1990년『문학사상』으로 등단. 시집『단편들』『내 청춘의 격렬비열도엔 아직도 음악 같은 눈이 내리지』『아무르 기타』『사랑과 열병의 화학적 근원』『삶이라는 직업』『모든 가능성의 거리』가 있음.

박주택
1959년 충남 서산 출생. 1986년『경향신문』신춘문예 당선. 시집『꿈의 이동건축』『방랑은 얼마나 아픈 휴식인가』『사막의 별 아래에서』『카프카와 만나는 잠의 노래』『시간의 동공』등이 있음.

박형준
1966년 전북 정읍 출생. 1991년『한국일보』신춘문예 당선. 시집『나는 이제 소멸에 대해서 이야기하련다』『빵냄새를 풍기는 거울』『물속까지 잎사귀가 피어 있다』『춤』『생각날 때마다 울었다』등이 있음.

서상영
1967년 강원 홍천 출생. 1993년『문예중앙』으로 등단. 시집『꽃과 숨기장난』이 있음.

성기완
1967년 서울 출생. 1994년『세계의 문학』으로 등단. 시집『쇼

핑 갔다 오십니까?』『유리 이야기』『당신의 텍스트』 등이 있음.

송찬호
1959년 충북 보은 출생. 1987년 『우리 시대의 문학』으로 등단. 시집 『흙은 사각형의 기억을 갖고 있다』『10년 동안의 빈 의자』『붉은 눈, 동백』『고양이가 돌아오는 저녁』 등이 있음.

신대철
1945년 충남 홍성 출생. 1968년 『조선일보』 신춘문예 당선. 시집 『무인도를 위하여』『개마고원에서 온 친구에게』『누구인지 몰라도 그대를 사랑한다』『바이칼 키스』가 있음.

신영배
1972년 충남 태안 출생. 2001년 계간 『포에지』로 등단. 시집 『기억이동장치』『오후 여섯 시에 나는 가장 길어진다』가 있음.

신해욱
1974년 강원 춘천 출생. 1998년 『세계일보』 신춘문예 당선. 시집 『간결한 배치』『생물성』이 있음.

심보선
1970년 서울 출생. 1994년 『조선일보』 신춘문예 당선. 시집 『슬픔이 없는 십오 초』『눈앞에 없는 사람』이 있음.

양진건
1957년 제주 출생. 1992년 『문학과사회』로 등단. 시집 『대담한 정신』『귀한 매혹』이 있음.

연왕모
1969년 서울 출생. 1994년 『문학과사회』로 등단. 시집 『개들의 예감』 『비탈의 사과』가 있음.

오규원
1941년 경남 밀양 출생. 1965년 『현대문학』으로 등단. 시집 『분명한 사건』 『순례』 『왕자가 아닌 한 아이에게』 『이 땅에 씌어지는 抒情詩』 『가끔은 주목받는 生이고 싶다』 『사랑의 감옥』 『길, 골목, 호텔 그리고 강물소리』 『토마토는 붉다 아니 달콤하다』 『새와 나무와 새똥 그리고 돌멩이』 『두두』 등이 있음. 2007년 별세.

위선환
1941년 전남 장흥 출생. 2001년 『현대시』로 등단. 시집 『나무들이 강을 건너갔다』 『눈 덮인 하늘에서 넘어지다』 『새떼를 베끼다』 『두근거리다』가 있음.

유종인
1968년 인천 출생. 1996년 『문예중앙』으로 등단. 시집 『그리움 거짓말 그리고 하나의 세상』 『아껴 먹는 슬픔』 『수수밭 전별기』 『교우록』 등이 있음.

유희경
1980년 서울 출생. 2008년 『조선일보』 신춘문예 당선. 시집 『오늘 아침 단어』가 있음.

윤의섭
1968년 경기 시흥 출생. 1992년 『경인일보』 신춘문예 당선 및 1994년 『문학과사회』 여름호로 등단. 시집 『말괄량이 삐삐의 죽음』 『천국의 난민』 『붉은 달은 미친 듯이 궤도를 돈다』 『마계』 등이 있음.

윤중호
1956년 충북 영동 출생. 1984년 『실천문학』으로 등단. 시집 『본동에 내리는 비』 『금강에서』 『靑山을 부른다』 『고향 길』 등이 있음. 2004년 별세.

이경임
1963년 서울 출생. 1997년 『동아일보』 신춘문예 입선. 시집 『부드러운 감옥』 『겨울 숲으로 몇 발자국 더』 등이 있음.

이근화
1976년 서울 출생. 2004년 『현대문학』으로 등단. 시집 『칸트의 동물원』 『우리들의 진화』 등이 있음.

이기성
1966년 서울 출생. 1998년 『문학과사회』로 등단. 시집 『불쑥 내민 손』 『타일의 모든 것』 등이 있음.

이민하
1967년 전북 전주 출생. 2000년 『현대시』로 등단. 시집 『환상수족』 『음악처럼 스캔들처럼』이 있음.

이병률
1967년 충북 제천 출생. 1995년 『한국일보』 신춘문예 당선. 시집 『당신은 어딘가로 가려 한다』 『바람의 사생활』 『찬란』 등이 있음.

이수명
1965년 서울 출생. 1994년 『작가세계』로 등단. 시집 『새로운 오독이 거리를 메웠다』 『왜가리는 왜가리 놀이를 한다』 『붉은 담장의 커브』 『고양이 비디오를 보는 고양이』 『언제나 너무 많은 비들』 등이 있음.

이승원
1972년 서울 출생. 2000년 『문학과사회』로 등단. 시집 『어둠과 설탕』이 있음.

이영유
1950년 서울 출생. 시집 『영종섬 길』 『그림자 없는 시대』 『유식한 감정으로 노래하라』 『홀로 서서 별들을 바라본다』 『검객의 칼끝』 『나는 나를 묻는다』가 있음. 2006년 별세.

이 원
1968년 경기 화성 출생. 1992년 『세계의 문학』으로 등단. 시집 『그들이 지구를 지배했을 때』 『야후!의 강물에 천 개의 달이 뜬다』 『세상에서 가장 가벼운 오토바이』가 있음.

이윤학
1965년 충남 홍성 출생. 1990년 『한국일보』 신춘문예 당선.

시집『먼지의 집』『붉은 열매를 가진 적이 있다』『나를 위해 울어주는 버드나무』『아픈 곳에 자꾸 손이 간다』『꽃 막대기와 꽃뱀과 소녀와』『그림자를 마신다』『너는 어디에도 없고 언제나 있다』『나는 왜 네 생각만 하고 살았나』 등이 있음.

이장욱
1968년 서울 출생. 1994년『현대문학』시 부문 신인상 당선. 시집『내 잠 속의 모래산』『정오의 희망곡』『생년월일』 등이 있음.

이재무
1958년 충남 부여 출생. 1983년부터 작품 활동을 시작. 시집『섣달 그믐』『벌초』『온다던 사람 오지 않고』『몸에 피는 꽃』『시간의 그물』『위대한 식사』『푸른 고집』『저녁 6시』『경쾌한 유랑』 등이 있음.

이정록
1964년 충남 홍성 출생. 1989년『대전일보』신춘문예, 1993년『동아일보』신춘문예 당선. 시집『벌레의 집은 아늑하다』『풋사과의 주름살』『버드나무 껍질에 세들고 싶다』『제비꽃 여인숙』『의자』『정말』 등이 있음.

이준규
1970년 경기 수원 출생. 2000년『문학과사회』로 등단. 시집『흑백』『토마토가 익어가는 계절』『삼척』이 있음.

이철성
1970년 충북 보은 출생. 1996년『문학과사회』로 등단. 시집

『식탁 위의 얼굴들』『비파 소년이 사라진 거리』가 있음.

이태수
1947년 경북 의성 출생. 1974년『현대문학』으로 등단. 시집 『그림자의 그늘』『우울한 飛翔의 꿈』『물 속의 푸른 방』『안 보이는 너의 손바닥 위에』『꿈속의 사닥다리』『그의 집은 둥글다』『안동 시편』『내 마음의 풍란』『이슬방울 또는 얼음꽃』『회화나무 그늘』 등이 있음.

이하석
1948년 경북 고령 출생. 1971년『현대시학』으로 등단. 시집 『투명한 속』『김씨의 옆얼굴』『우리 낯선 사람들』『측백나무 울타리』『금요일엔 먼데를 본다』『녹』『고령을 그리다』『것들』『상응』 등이 있음.

임선기
1968년 인천 출생. 1994년『작가세계』신인상 당선. 시집『호주머니 속의 시』가 있음.

장경린
1957년 서울 출생. 1985년『문예중앙』신인문학상 당선. 시집 『사자 도망간다 사자 잡아라』『토종닭 연구소』『누가 두꺼비집을 내려놨나』가 있음.

장석남
1965년 경기 덕적 출생. 1987년『경향신문』신춘문예 당선. 시집『새떼들에게로의 망명』『지금은 간신히 아무도 그립지 않을 무렵』『젖은 눈』『왼쪽 가슴 아래께에 온 통증』『미소는, 어디로 가시려는가』『젖은 눈』『뺨에 서쪽을 빛내다』 등이 있음.

장석원
1969년 충북 청주 출생. 2002년『대한매일』(현『서울신문』) 신춘문예 당선. 시집『아나키스트』『태양의 연대기』 등이 있음.

장영수
1947년 강원 원주 출생. 1973년『문학과지성』으로 등단. 시집『메이비』『時間은 이미 더 높은 곳에서』『나비 같은, 아니아니, 빛 같은』『한없는 밑바닥에서』『그가 말했다』 등이 있음.

정일근
1958년 경남 진해 출생. 1984년『실천문학』, 1985년『한국일보』신춘문예 당선. 시집『바다가 보이는 교실』『유배지에서 보내는 정약용의 편지』『그리운 곳으로 돌아보라』『처용의 도시』『누구도 마침표를 찍지 못한다』『마당으로 출근하는 시인』『경주 남산』『오른손잡이의 슬픔』『착하게 낡은 것의 영혼』『기다린다는 것에 대하여』 등이 있음.

정현종
1939년 서울 출생. 1965년『현대문학』추천으로 등단. 시집『사물의 꿈』『나는 별아저씨』『떨어져도 튀는 공처럼』『사랑할 시간이 많지 않다』『한 꽃송이』『세상의 나무들』『갈증이며 샘물인』『견딜 수 없네』『광휘의 속삭임』 등이 있음.

조용미
1962년 경북 고령 출생. 1990년 『한길문학』으로 등단. 시집 『불안은 영혼을 잠식한다』『일만 마리 물고기가 山을 날아오르다』『삼베옷을 입은 자화상』『나의 별서에 핀 앵두나무는』『기억의 행성』이 있음.

조 은
1960년 경북 안동 출생. 1988년 『세계의 문학』으로 등단. 시집 『땅은 주검을 호락호락 받아주지 않는다』『무덤을 맴도는 이유』『따뜻한 흙』『생의 빛살』 등이 있음.

조인선
1966년 경기 안성 출생. 첫 시집 『사랑살이』를 상자하며 등단. 시집 『인간이 되기 싫었나 보다』『사랑이란 아픔으로 남아도 미치도록 좋았던 추억이었다』『별을 좋아하면 별이 된다고』『황홀한 숲』『노래』가 있음.

조창환
1945년 서울 출생. 1973년 『현대시학』으로 등단. 시집 『빈집을 지키며』『라자로 마을의 새벽』『그때도 그랬을 거다』『파랑 눈썹』『피보다 붉은 오후』『수도원 가는 길』『마네킹과 천사』『황금빛 재』 등이 있음.

진은영
1970년 대전 출생. 2000년 『문학과사회』로 등단. 시집 『일곱 개의 단어로 된 사전』『우리는 매일매일』 등이 있음.

채호기
1988년 『창작과비평』으로 등단. 시집 『지독한 사랑』 『슬픈 게이』 『밤의 공중전화』 『수련』 『손가락이 뜨겁다』 등이 있음.

최승자
1952년 충남 연기 출생. 1979년 『문학과지성』으로 등단. 『이 時代의 사랑』 『즐거운 日記』 『기억의 집』 『내 무덤, 푸르고』 『쓸쓸해서 머나먼』 『물 위에 씌어진』 등이 있음.

최영철
1956년 경남 창녕 출생. 1986년 『한국일보』 신춘문예 당선. 시집 『아직도 쭈그리고 앉은 사람이 있다』 『가족사진』 『홀로 가는 맹인악사』 『야성은 빛나다』 『일광욕하는 가구』 『개망초가 쥐꼬리망초에게』 『그림자 호수』 『호루라기』 『찔러본다』 등이 있음.

최정례
1955년 경기 화성 출생. 1990년 『현대시학』으로 등단. 시집 『내 귓속의 장대나무 숲』 『햇빛 속에 호랑이』 『붉은 밭』 『레바논 감정』이 있음.

최치언
1970년 전남 영암 출생. 1999년 『동아일보』 신춘문예에 시, 2001년 『세계일보』 신춘문예에 소설 당선. 시집 『설탕은 모든 것을 치료할 수 있다』 『어떤 선물은 피를 요구한다』가 있음.

최하연
1971년 서울 출생. 2003년 『문학과사회』 신인문학상 당선. 시집 『피아노』가 있음.

하재연
1975년 서울 출생. 2002년 『문학과사회』 신인문학상 당선. 시집 『라디오 데이즈』가 있음.

한승원
1939년 전남 장흥 출생. 1968년 『대한일보』 신춘문예 당선. 시집 『열애 일기』 『사랑은 늘 혼자 깨어 있게 하고』 『노을 아래서 파도를 줍다』 『달 긷는 집』 등이 있음.

함성호
1963년 강원 속초 출생. 1990년 『문학과사회』로 등단. 시집 『56억 7천만 년의 고독』 『聖 타즈마할』 『너무 아름다운 병』 『키르티무카』가 있음.

허수경
1964년 경남 진주 출생. 1987년 『실천문학』으로 등단. 시집 『슬픔만 한 거름이 어디 있으랴』 『혼자 가는 먼 집』 『내 영혼은 오래되었으나』 『청동의 시간 감자의 시간』 『빌어먹을, 차가운 심장』 등이 있음.

홍신선
1944년 경기 화성 출생. 1965년 『시문학』으로 등단. 시집 『서벽당집』 『겨울섬』 『우리 이웃 사람들』 『다시 고향에서』 『黃砂 바람 속에서』 『자화상을 위하여』 『우연을 점 찍다』 등이 있음.

황동규

1938년 서울 출생. 1958년 『현대문학』 추천으로 등단. 시집 『三南에 내리는 눈』『나는 바퀴를 보면 굴리고 싶어진다』『어떤 개인 날』『풍장』『비가』『외계인』『우연에 기댈 때도 있었다』『꽃의 고요』『겨울밤 0시 5분』 등이 있음.

황병승

1970년 서울 출생. 2003년 『파라21』로 등단. 시집 『여장남자 시코쿠』『트랙과 들판의 별』이 있음.

황인숙

1958년 서울 출생. 1984년 『경향신문』 신춘문예 당선. 시집 『새는 하늘을 자유롭게 풀어놓고』『슬픔이 나를 깨운다』『우리는 철새처럼 만났다』『나의 침울한, 소중한 이여』『자명한 산책』『리스본行 야간열차』 등이 있음.